「国語」って、何勉強するんだよ

「心的過程」から表現へ

松金 進

東京図書出版

作品「無題」（160頁参照）

文化祭神楽の練習中（174頁参照）

民話創作用切り絵（175頁参照）

国民文化祭出展凧絵原画　原画指導川元氏（174頁参照）

開放講座の一コマ（53頁参照）

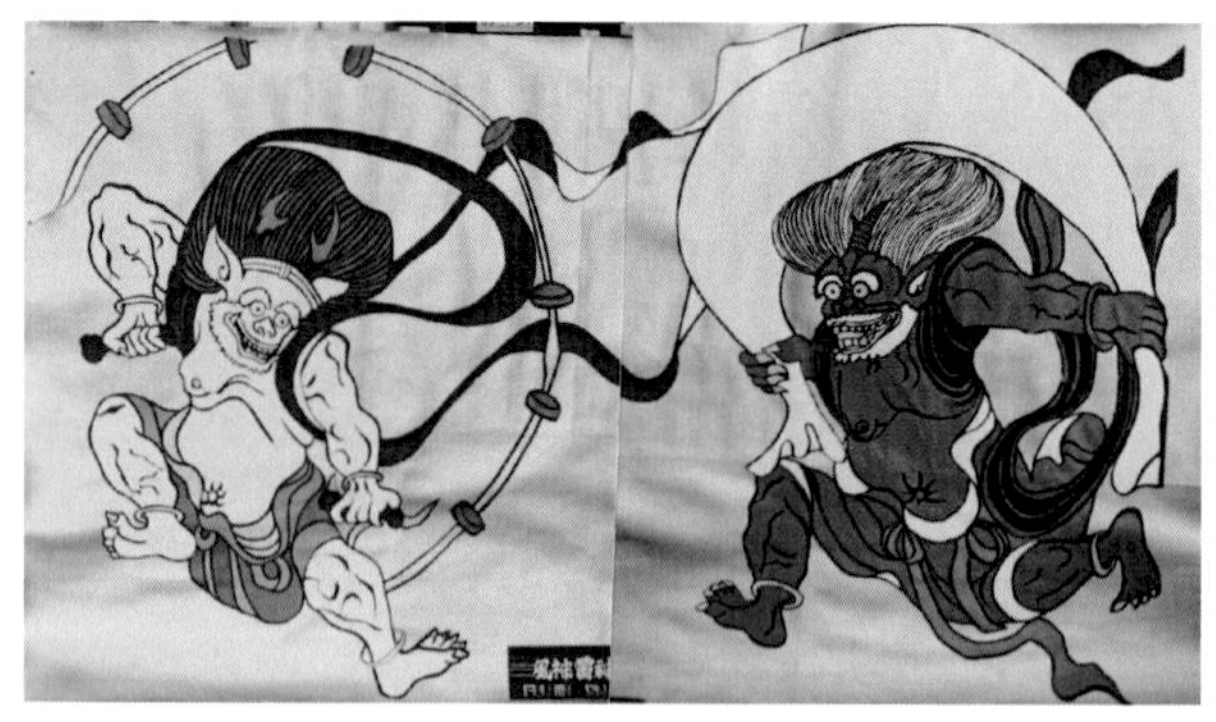

大型切り絵（174頁参照）

まえがき

『国語って、何勉強するんだよ』……T高校での12年間の勤務を終える頃、一年間通しで教科書掲載の各教材読解後、適応しそうな表現作業を絡めた授業展開をしたことがあります。その授業の最後の日に数名の生徒たちから手渡された感想の中に記されていた文言を引用して命名しました。

　先生。今年一年間、お世話になりましたね。まあ、来年もお世話になることがあるかもしれませんが、その時はよろしくお願いしますね。あたし国語、めっちゃ嫌いだったんだけど、今は、ちょっと嫌いになったんだよ。先生の授業受けるまで、「国語って何勉強するんだよ。」っていつも勉強してなかったけど、今は、何を勉強すればよいかなんとなくつかめてきたんだ。なんとなくだけどね。じゃあね。

M

　同僚のK先生が数学の授業で教えておられた、六角折り紙封書の裏面に書かれていました。とても嬉しかったのを覚えています。同時に、「国語って、ホントは何勉強するんだよ！」というのが長く「国語」を学習し続けてきた彼らの本音だったのではないかとも思いました。

　この国で生まれた私たちのほとんどは、小学校入学から高校卒業までに合わせて12年間、否も応もなく「こくご（国語）」の授業を受けてきました。実は私も、このMさんと同じ思いを抱え込み、教職に就いて国語を担当した後もなお、この課題を解消しきれないままの時期がありました。

県外の高校を一年で辞職して帰省。次の職業に就くためにと、自動車学校で講習を受けていた四月末に山間の中学校での臨時採用を打診され、無職でブラブラしてもいられず赴任しました。近県と境を接する郡部の山懐。実家からバスを乗り継いで約二時間かけて到着。空気がひんやりとし、バスの窓外には彩り豊かな花が咲き、鯉のぼりを揚げている家が数軒見えました。

思い出すと、今では信じがたいことですが、登下校する地域の小学生たちは車が通る度に立ち止まり、一斉に頭を下げて挨拶しました。中学生たちは小さなグラウンドの一角、登下校時に誰も見ていない校門前で皆一礼するのです。統合を三年後に控え、廃校になる前の同中学校のためにと保護者たちのほとんどが学校主催の諸行事には欠かさず参加してご支援下さいました。

私一人のための着任式。76人の生徒会会長U君は、木造の小さな体育館兼講堂に引かれたラインテープの白い線に沿い、直角に曲がっては歩を進め、歓迎の挨拶をしてくれました。若葉の山には蓮華ツツジや山ツツジが咲いて風に揺れ、その中学校でクリクリ坊主とオカッパ頭たちのキラキラした目を見て、授業以前にとても大切なこと――《子どもも教員も保護者も学校が大好きであることが学校存在の前提であり凡てはそこから始まるのではないか》という実感を覚えました。

翌年三月のことでした。退職を間近に控えたある日、私は学校近くの飲食店でその中学校の若い同僚教員二人とともに昼食を摂り終えようとしていました。飲食店は地域の農協の向かいにあり、前には三叉路兼用でバスも廻せる坂道広場があって、そこに地域の人がぞろぞろ集まり始めました。

女将さんに「何かあるんですか」と尋ねると、「佐藤さんがおいでるんといね」と言います。佐藤さんとは、辞職後間もない前総理大臣佐藤栄作氏のことでした。百人ばかりのとりまきができ、その輪の中に私たちも加わりました。

まもなく黒塗りの高級車が到来し、運転手が後部座席のドアを開くと、中から白髪交じりでロングヘアの老人が降り立ちました。地方名士に紹介され、続いて挨拶を促されました。そうして、マイクを手にした瞬間のこと。佐藤氏の背丈が心なしかぐんと高くなったように見えました。

おもむろに周囲を睥睨し、第一声を発しました。テレビをとおして聞いたことのある野太く、周囲を圧倒するような前総理大臣の重厚な声の響き。それに気圧されてか一同総ての呼吸が止まったかと思うほど静まり恭しく傾聴し始めました。短時間ながら物語のような流れの一幕でした。

「一期一会」という言葉があります。そのあり方とはかようなものなのかもしれません。己との一瞬の遭遇を相手の一期に変えてしまう迫力。相手の心を一気につかみ、訴えきる声や風貌や立ち居振る舞いが総じて織りなす声の「ひびき」。日々の烈々たる経験に裏打ちされ、周到な準備なき者にはとうてい醸せない状況変化は忘れがたい「経験」として、今もなお心の底に留まっています。

さて、本書では「心的過程」（「プロセス」）という言葉を随所に記します。

【過程】進行して行く物事の順序。また、その途中の経過。プロセス。

【心的】心（の中）の。

【プロセス】①事が進んで来た順序・理由など。経過。②仕事を進める順序（段取り）・過程。

国語学者、時枝誠記博士は、御説「言語過程説」にて、「心的過程」をこう説明しておられます。「国語教育の目的は、獲得される知識や思想にあるのではなく、それを獲得する手段方法即ち読み方、聞き方にあるのである。目的を達成するためには、何よりもその手段方法を吟味してからねばならない」と。今さらながらあの一期の場面で得た《心的過程》顕現事例が思い出されます。

先のMさんの表現では、「ちょっと嫌いになったんだよ。」という表現が私の心に響きました。普通の流れでいえば、「好きに」とあるべきですが、こういう反転した表現ができたことによって、彼女の「誠実さ」と個性と「～になった」変化が前後の文脈の中で、一段と率直且つ新鮮に感じとれます。表現を支える「心的過程」の中で言葉を選び、前後を段取りして心情が表出されたことにより、言葉は勢いを醸します。読み手への配慮もうかがえ、「心的過程」が活かされた表現の好例といえましょう。「心的過程」の発露には適切な間合いを要します。

「心的過程」を重んじる国語授業の実践ということがあるとしたら、「観察力や傾聴によって、互いに相手の言動の前と後にまで思いを致し、表現者と理解者が相手の存在と言葉を意識しながら生活目標の達成を目指して伝達し合える典型的な方法や技術を身につけること」となるでしょう。

第一章は、２０２１年度、72歳で非常勤講師として最後に出講した高校定時制教室で生徒さんと試みた授業の流れを記したもので、ことわざを活用した小論文の典型的な書き方の実践報告です。

第二章では、国語という教科でホントは何を勉強してきたのか、また、こう考えれば「国語」をよりたしかに学び、生き方も捉えやすくなるはずだという考え方について記しました。

第三章は、私自身、何をどう勉強すればよいのか、国語も含め高校時代以降やっと授業や勉強の内実が把握でき始めた頃のことと時枝博士の「心的過程」についての私の解釈について記しました。

第四章では、迷いながら授業を考えた際の論拠としたものの見方・考え方について記しています。

第五章は、自分が初めて試みた高校での授業実践報告です。野地潤家先生にご評価いただき、後に、浜本純逸先生によって、『文学教育基本論文集３』（西郷竹彦・浜本純逸・足立悦男／明治図書）にも再録していただいた報告です。もし今後この方法を用いる方があればと思って自己批判しながら綴りました。今回ご紹介する「心的過程」に重点をおく考え方に通じるものがあります。

第六章は、永い間に試みてきた私の表現の授業実践を通年で企画実践した時の報告です。

第七章では、「心的過程」を重んじる国語の授業提案について記しました。

第八章では、国語に関する私の思いと願いと望みを随想風に書かせていただきました。

時間の経過とともに運ばれる一連の言葉は、そのまま表現主体の心の内で醸され、発せられ、理解主体へと向かうわけですが、授業をする立場にあっては、瞬間ごとに何が起こっているかを冷静に観察し、瞬時に言葉に置きかえ、具体的に伝えられないと個々の生徒には思いが届きにくいようです。国語が個人と社会に及ぼす影響力を再認識し、主に次のことを伝えようと考えてきました。
一、言語過程説でいう「心的過程」を再認識し国語授業に援用できる具体的方法について。
二、林竹二先生のおっしゃる「一年に一つの授業」を心がけ、実践したことについて。

三、目に見える世界と目に見えない世界の対比……形と心、光と影などに関する心理学など他学科や科学的成果などを進んで授業にとり入れた国語表現授業の試みについて。

四、多様な表現授業実践で提出された生徒作品を紹介し、誰にでも表現できるような言葉で伝え一人でも多くの生徒が自信をもって表現できるような手だてを施した試みについて。

五、「方」を意識し、自分の心的過程を認識して虚構することを目ざす授業の目論見について。

本書で記す「心的過程」の有り様や表現法は特別目新しいことではありません。部活動の指導で大きな業績を残された方々は、例外なく「心的過程」を実に適切に調整し、実践しておられます。かつて、プロ野球投手を県内工業高校で指導されたS先生（国語担当）とじっくりお話しできる機会がありました。そこで伺うお話の内容はもちろん、語り方、間の取り方、温顔、うなずき、お声のバランス等総てに心服した覚えがあります。野球に限らず、文化部や多様な競技指導者の方々の足跡を追った本も数え切れないほど読んできました。雑誌『致知』に記載された優秀な指導者へのインタビュー記事も熟読し、要約して本仕様で綴じています。優れた指導者に共通するのは、「心的過程」が織りなす物語の描き方が実に秀逸であるということです。S先生は、ある講演会で、「自信が得られる経験をすれば人間は必ず変わることができる」と仰っています。弱気に陥りがちだったその投手の場合は、高校時代に達成した完全試合という「経験」が変化のきっかけだったのだそうです。

従って、「心的過程」などと言挙げし、至らぬ私ごときが述べることでもないのですが、国語教育では欠かせない認識です。国語は今も基幹教科であり、その価値を再認識し、言葉を表現・理解する「心的過程」を明確に認識し実践する意味をご提案してみたいと思い、本書刊行を企図しました。

言語学者ノーム・チョムスキーによれば、私ども人間には、生まれる前から言語を理解するための文法が備わっていて、世界のどこで誕生しても、その周囲の環境や状況に合わせて言語を操れるようになるのだそうです。日本で生育すれば、自然に日本語を話すようになります。つまり、《私たちが言葉を運用・制御して思考・判断・表現をする基盤は日本語以外にはない》ということです。それなら、「国語」を学ぶ理由も手だても目的も手段も、日本語の具体的な授業展開そのものの中に既にあり、Mさんへの答えも理解・表現の「心的過程」から掘り起こせはしないかと考えました。

本書を通し、「『国語』で何を勉強するのか」について、私の拙い経験と思考を総動員して模索したことを記します。日本語、「国語」、言葉全般についてご一緒にお考えいただけると幸いです。

「国語」って、何勉強するんだよ  目次

——「心的過程」から表現へ——

第四章

第五章

第六章

第一章　令和三年度、定時制昼間部にて……

1 ことわざを活用してプチ小論文を書く授業

72歳の春。商業高校の分校で定時制普通科の非常勤講師として出講することになりました。定年退職後、要請があれば、「一年を限りでなら……」と限定した上で毎度引き受けてきました。芸術系短期大学兼務4年間を含めて12年間。市内のほとんどの高等学校で勤務してきたことになります。大学卒業後、すぐに教職に就いてからちょうど50年目にあたる節目のことでもありました。

自分の教室開きには、いつも「忘れられないこと」という題で幼児期の想い出話を書いてもらうことにしています。どのような作品を提出するか、家族や周囲の人とどういう関わり方をし、どんな想い出を温め続けてきたかを教えてもらい、その学校での方向性と私の立ち位置を探るためです。

この課題を出すと、書ける子と書けない子、書こうとする子とうっちゃろうとする子に分かれるのが通例です。書く力量が個々の生徒の国語力の現在値を示すと同時に、担当する私に対する受容度評価にもなって顕れます。このことは一年間きりの国語教室で、どういう生徒に出会い、授業をどう運べばよいかを探るうえで欠かせない試みにもなっていました。

昼間課程の二年生22名、三年生23名。合わせて45名。卒業後の進路のことを思い、夏季休業あけ、三年生には一般常識に関するＢ４判22頁の自前テキスト（問題集）を作成し演習しました。

その中に「漢字の構成法」と「ことわざ」の項目を織り込みました。前者は漢字熟語を辞書なしでも読んで意味を平易に言い替えられることを願い、後者はどれほど知っているかを確認するための試みです。ことわざは、一部を空欄にして口頭で答えさせたのですが、燕の子が餌を競う有り様で返す正答の率は決して低くありませんでした。その後、次のような過程でプチ小論文作成授業を実施しました。

小論文の指導で何より参考にさせていただいたのは、書棚に並んだ樋口裕一先生著『読むだけ小論文』（学習研究社）に始まり『ホンモノの文章力』（集英社新書）に至る16冊の作品の抜粋でした。今回も基盤の「型」を拝借し、次の次第で６００字から８００字程度の作品を書かせてみました。

一つは、ことわざを素材とし、もう一つは二者択一による文章の展開を求めたものです。

次のような「書き方」プリントを配布して説明を加え、作品の提出を待ちました。

◎プチ小論文の書き方　課題Ａ型

【課題】 後のことわざについて、ホントにそうか、という立場で小さな論説文を書いてみよう。

【例】 二兎を追う者は一兎をも得ず

「二兎を追う者は一兎をも得ず」**ということわざがある。**「同時に二つのことをしようとすることと、結局どちらも成功しない」**という意味である**。本当にそうな**のだろうか**。

たしかに、追う者が一人なのに、二つの方向に逃げる兎を捕らえることはできそうにない。

しかし、どんな場合にもあてはまるかといえば、そうだとはいいきれないと私は思う。

たとえば、今シーズン米大リーグのエンゼルス球団で活躍した大谷翔平選手。彼は、自分の夢である二刀流、すなわち投手としても打者としても第一人者となることを求めて渡米し、今シーズンは二つともトップレベルの結果を残した。投手である時は、打者がどういうボールを狙っているか、打者の立場で予測しながら状況に合わせた配球をし、打者である時は、投手がどういう球でかわそうとしているか推測しながら好打にできるボールを待つことができたのではないだろうか。大谷選手は、二兎を追い続け、二兎を手に入れたともいえそうだ。

そう考えると、二つのことを同時に求めるからこそ、成果を出すことができたともいえる。

もちろん、誰にでもできることではない。が、言葉のハンディや誤審や自軍の弱点を受け容れて克服し、自分の願望を楽しんでかなえている。そういう人の事例があったことは確かである。

こう考えると、二つのことを同時にこなすことには大きな可能性があるとも言えそうだ。

【書き方1】 太字のところは、同じような書き方を用いるとよいでしょう。
「たしかに……。」とひとまず常識を認め、「しかし、」の後に自分の考えを書き込みます。ここに書き手の個性や経験や学習してきたことが現れます《そのことの背景や原因・事のなりゆき・他の似通った例・自分の経験・自分だけが知っている趣味や特技・アルバイト先で見聞きしたこと……など》。具体的な例を示すと効果的です。最後にもう一度まとめて見直して書き終えましょう。
◇ねらいは、《反対側の視点、逆の立場からものごとを見て考えたことを表現する所》にあります。

【課題】 以下のことわざの中から一つ選んで意味を調べ、逆の立場で考えたことを書いてください。
＊ことわざの意味は、他の人に教えてもらってもかまいません。要点は、作品の独自性！　です。
○ことわざの意味調べ　＊ことわざはおおむね常識的なことがらの「比喩（たとえ）」です。
【例】 二兎を追う者は一兎をも得ず……同時に二つのことを求めて二つとも失ったりすること。

二年生用
①かえるの子はかえる
②下手な鉄砲も数撃ちゃ当たる
③苦しいときの神だのみ
④急がばまわれ
⑤石橋を叩いて渡る
⑥出る杭は打たれる

三年生用
①寄らば大樹の陰
②朱に交われば赤くなる
③三人寄れば文殊の知恵
④塵も積もれば山となる
⑤石橋を叩いて渡る
⑥出る杭は打たれる

⑦雨ふって地かたまる
⑧口はわざわいのもと
⑨たなからぼたもち
⑩ただより高いものはない

---

⑦早起きは三文の得
⑧善は急げ
⑨知らぬが仏
⑩後は野となれ山となれ

※学年ごとに分けて印刷配布。各々に書きやすそうなものを選択しました。スマホ活用も了解。

【今回の課題】

1　右の中から一つ選びます。例：二兎を追う者は一兎をも得ず
2　喩えられている意味を調べます。例：同時に二つのことを求めて二つとも失ったりすること
3　このことわざの意味を「本当にそうなのだろうか」と、ひっくり返してみてください。
（本当に）同時に二つのことを求めて二つとも手に入れられることはないか？　と考えます。
4　（例えば）大谷翔平選手。他にも……ありませんか？「　　」
5　そのことについて、あなたが知っている限り詳しく説明します。

例
☆大谷選手の二刀流成功のわけ
☆大谷選手が結果を出した背景
☆大谷選手の実績
☆あなた自身の経験（二つのことが一気に叶ったこと）はありませんか？
☆大谷選手以外にこういう事例はない？　才色兼備という言葉も……

6　以上のこと（1から5）をまとめて、次のような型のなかに流し込んでみてください。

Ⅰ「○○……」ということわざがある。

Ⅱ「▽▽……」という意味である。

Ⅲ「たしかに、……」と始めて、いったんこのことわざの具体例を挙げて内容を認めます。

Ⅳ その上で、「しかし・だが・……（など逆接の接続詞）、」として自分の意見を書きます。

Ⅴ この意見の部分に書き手の個性や実力や見識、経験の深さや学習成果などが出ます。

Ⅵ「このように考えると、」として自分の考えをまとめてしめくくります。

◎プチ小論文の書き方　課題B型

【課題】①あなたは、「今日」と「明日」のどちらがより大切だと考えますか。

②あなたは、友だちは多いほどよいと考えますか、少ない方がよいと考えますか。

【手順】まず、自分の立場を決めます。

それぞれの大切さやその違いについて思い巡らします。

今日が大切と思う場合、「明日」の大切さも思い巡らし、

明日が大切と思う場合、「今日」の大切さも思い巡らし、

そして、より大切だと主張する理由や根拠を三つくらい挙げてみます。

例として、「今日」と「明日」を分けるいちばんのポイントが何か？

今、自分が何をどうしようとしているか？　明日はどうなっているのだろうか？

過去に時間をどう考えてきたか？　失敗と成功の間で何を学んできたか？
その背景や事情としてどういうことがあったか？　など……
いろいろ思い巡らしながら初めと中と終わりに分け、うまくまとめあげてください。

【書き方2】

①「今日」と「明日」のどちらが大切なのだろうか。＊この書き出しは共通。
②「もちろん……。しかし、……。」「たしかに……。しかし、」の形を使います。「もちろん」または、「たしかに」の下には自分の思いとは反対の立場について採り上げ、その大切さを記します。
③「しかし（けれども・だが）、」の後に自分の立場（意見）を書きます。＊この部分が重要です！
④その理由を三つくらい（経験・歴史・背景・原因……）具体的に挙げてください。
⑤最後に、「したがって（だから・よって）、私は、……」と自分の意見を書き進めてまとめます。

【提出された作品①A型】

かえるの子はかえる

二年　Y・A

「かえるの子はかえる」ということわざがある。この意味は、「子どもは親に似るもの」ということなのだが、本当にそうなのだろうかと思うときがある。

たしかに、生物学的に言えば、人間の子どもの親は人間だし、かえるの子はおたまじゃくしではあるが、成長すればかえるになる。しかし、それは、生物学的にはそうなのだということであって、その生物の中身ともいえる性格は必ずしも一緒とは思えない。

例えば、私は猫を飼っていた時期があったのだが、内気なメスの猫が出産したことがある。生物学的には、「かえるの子はかえる」があてはまったのだが、性格が全然あてはまらない子もいた。元気いっぱいにおもちゃと遊ぶ猫もいれば、たくさん食べて寝る猫もいた。ただ、それらには共通点がある。それは、親とは育った環境が違うということだ。

遊ぶ猫は放置されているおもちゃがある部屋にいることを好み、よく食べる猫はとなりの猫の分まで食べてしまうことがあった。それに対して、親猫はもともと野良というのもあり、甘えたいけど甘えられないことが多かったように感じられた。

そう考えると、このことわざは、生物学的には当てはまるが、性格などに関しては、環境に左右されやすいので、必ずしも似るとは言えない。こう考えると、人間の親子の性格の違いも納得できる。

【提出された作品②A型】

石橋を叩いて渡る

三年　K・F

　この世の中には、「石橋を叩いて渡る」なんてことわざが存在する。「壊れるはずのない強固な橋を、一応叩いて安全性を高めて渡る」という意味が込められている。こんな注意深くて思慮深く、疑り深さを象徴しているこの言葉が大好きで大嫌いである。

　理由は二つある。まずは好きな理由から。自分で言うのも可笑しいが、僕はとても疑り深い。百%なんて言葉はないと思ってるし、「ありえない」なんてことは「ありえない」。どんなに完璧な人間だってミスをするし、天気予報が百%あたるとは限らない。だからこの言葉の疑り深さは大好きだ。そんな疑り深い僕だが、そのせいで失敗したことがある。過去、今でも到底忘れられない想い人ができた。最初は互いに恋をしていた。しかし、時が進むにつれて、疑り深い性格が出てしまい、互いに疑心暗鬼になってしまって、気づけばもう遅かった。「石橋を叩き過ぎて壊してしまった」ようなものだ。だから僕はこんな注意深く疑り深いことを良しとするこの言葉が嫌いだ。

　以上のことがあるので、「石橋を叩いて渡る」その行動自体は素晴らしいと思うが「time is money」時は金なりだ。その疑り深く思いつめている時間で、何かひとつでも、他に、自分や周りの人が幸せになれる、そんな行動だってとれるんじゃないだろうか。だから、この言葉を僕は大好きで大嫌いなのだ。

【提出された作品③Ｂ型】

今日と明日のどちらが大切なのだろうか？

二年　Ｙ・Ｔ

「今日」と「明日」どちらが大切なのでしょうか。私は「今日」の方が大切だと思います。

確かに、明日はどうなるかわからないから、想像するのが楽しいし、明日のことを考えると、「今日を頑張ろう」という活力が湧いてくるので、「明日」ももちろん大切です。

しかし、「今日」の場合、今、自分がどう行動するかによって、明日が変わりますし、今すぐに選択を迫られるので、考えて行動することがとても大切になります。

例えば、今日が高校一年の入学式で初登校の日だとして、周りは知らない人ばかりだとします。友達をつくるのは、初日、初対面が大切だと言います。そして、それは今日、今、この瞬間、明るく笑顔で話しかけられるか、会話を弾ませられるか、そして、友達になれるかは、この一日でほとんど決まってしまいます。だから、どれだけ明日のイメージトレーニングをしてみても、それは、今日をやり遂げないと目指す明日には続きません。

つまり、「明日」が私にとって良い日になるかどうかは、すべて「今日」の私の行動にかかっているわけで、いちばん責任をもたないといけないのは「今日」「今」「この瞬間」なので、「今日」がなによりも大切なのだと考えました。

「作文」で、生徒の大多数が興味深く取り組んでくれれば、豊かな感性を言葉に託して表現した思いがけない生徒作品に必ず出会えます。そのためには、前もってどんなことを書いても「絶対大丈夫」だと思ってもらえる国語教室作りが欠かせません。

　永い教員生活をとおして、これならより多くの子に書けるはずだという経験に基づく題をとりあげるようにし、同時に、実作をさせる手だてや素材の具体的発見法を紹介するようにしました。もう一つ、生徒の暮らしや学校生活の有り様、一般的な発達段階を踏まえ、少しだけ背のびをしたら書けそうな課題であるかどうかを点検しました。初授業が一番の課題になります。提出された作品は、長短や出来不出来関係なく、必ずワープロで打ち込み、生徒のもとに届けます。

　因みにここ数年間、授業で課した作文題は次のとおりです。

「忘れられないこと」	幼い頃のことをていねいに思い出してわかりやすい文章を書く。
「私の地上ゼロメートルの発見」	感覚器を対象のすぐ傍に寄せ、感じ取れる事実を写しとるように書く。
「私の通う道」	毎日の通学時に見える景色を再認識してみる↓比喩表現も可。
「ともだち」	具体的な「私の友人」抽象的な「友達」という人の有り様を書く。
「はじめての……」	「……」の後は自由記載。自分の趣味や特技など誰も知らないことについて書く。

「(家族の)青春彷徨」	家族(祖父母)が青春時代に心を躍動させた思い出の聞き書き。
「……が美しい」	「……」は自由記載。この世で一番美しいと思うものごととの出会いについて書く。
「私の好きなことば」	5W1Hを整え、その言葉に出会った背景とエピソードを書く。
「最近気づいたこと」	思いがけないことを再発見して認識を新たにしたことを書く。

② ことわざは授業作りのタネの宝庫

「ことわざ」は漢字で「諺」と書き、『新明解国語辞典』には「語(コト)事(ワザ)の意」と書かれており、「その国の民衆の生活から生まれた教訓的な言葉。【短くて口調のいいものが多い】」とあります。

文法的にまったく同じ形になる事例が、殊の外多いようです。少々事例を挙げてみます。

1　①たなからぼたもち　②瓢箪から駒　③二階から目薬

2　①わたりに舟　②猫にかつおぶし　③寝耳に水　④ぬかに釘
⑤焼け石に水　⑥月夜にちょうちん　⑦鬼に金棒　⑧暖簾に腕押し
⑨馬の耳に念仏　⑩豚に真珠　⑪猫に小判

3　①論より証拠　②花より団子　③亀の甲より年の功　④ただより高いものはない
⑤遠くの親戚より近くの他人　⑥猫を追うより魚をのけよ
4　①一寸の虫にも五分の魂　②石の上にも三年
5　①ねる子は育つ　②病は気から　③百聞は一見にしかず　④天は二物を与えず
⑤言うは易く行うは難し　⑥出る杭は打たれる　⑦類は友を呼ぶ
⑧おぼれるものはわらをもつかむ　⑨蒔かぬ種は生えぬ　⑩情は人のためならず
⑪流れる水はくさらぬ　⑫へたは上手のもと
『ことわざ絵本』と『ことわざ絵本part2』（五味太郎／岩崎書店）から引用

右掲書には合計２００のことわざが五味さんの洒脱な絵と共に採り上げられ、ユニークな解釈まで添え書きされています。図書室にはぜひ供えていただきたい図書であるとともに、印刷し、授業で採り上げて俎上に載せられれば調理の仕方次第で多様な授業の展開が期待できます。説明の関係上、すでに五つに分類してしまったけれど、分類自体を手初めにすれば更に楽しく面白く学べそうです。他にも、「作文」や「随想」「小論文」の素材として採り上げ、自分の経験などを具体的に織り込んだ21頁から24頁にご紹介したような作品を書かせることもできます。

ことわざは、その多くが比喩の形をとります。しかも、「比喩的な表現」は虚構する力を培う上で欠かせない表現方法のひとつです。世間知が含まれているから、授業の中であえて採り上げることが好ましいのです。「豚に真珠」などということわざを採り上げる時には、「猫に小判」、「馬の耳に念仏」も連想させます。因みに、「ことわざ」を集めた辞典などを引くと、「犬に小判」というのも掲載されています。ならば「猿」はどうかと調べると、「猿に木登り」という用例が見つかりました。これは他の用例と意味が異なります。さらに、同じようなことわざを創作させてみてはいかがでしょう。「駝鳥に金メダル」だの「ライオンに金歯」だの「キツネに指輪」等々。それらしい取り合わせをしているうちに、イメージが膨らんできて、子ども向きの新たな面白いお話をつくることもできそうです。

芸術短期大学で絵本作りを試みた経験でいえば、受講生たちは自分だけの物語の「虚構」に喜々としてチャレンジしていました。丁寧なキャラクター作りと作家木村裕一さんが仰る「起承承承転結」の構成で筋立てする方法を理解しさえすれば、自分の真情を比喩的に投影することもきっとできるでしょう。そういった物語作りの手がかりは古来のことわざの中からあふれ出してきそうに感じられるのです。

ところで、「犬も歩けば棒に当たる」という、「いろはカルタ」の一枚目に採用されたことわざがあります。このことわざについて、『故事ことわざの辞典』(小学館)などを調べてみるとおもしろい説明が書かれていました。

①何か物事をしようとする者は、それだけに、何かと災難に遭うことが多いものだの意。
②たとえ才能や運がなくても、何かやっているうちには思いもよらぬ幸運に会うこともあるの意。また、単に、出歩けば意外な幸運に当ることもあるの意にもいう。

と、「棒」が①②まったく逆の内容で説明されています。だから「ことわざ」はおもしろいのです。解釈は必ずしも一つではないということ。つまり、同じ言葉が、江戸時代の使用例で確認すると、今とはまったく逆の文脈に納まっていたりします。解釈の多様性を含みもつこんな事例もことわざで学ぶことができます。

個人的な見解ではありますが、正面と裏面、正と反、主と客……というような、一見、相反するものの見方や考え方は、高校を卒業するまでに、すべての生徒にきちんと（何度も経験を通して）身につけさせておきたいことです。「批判」とか「吟味」とか「観」という概念について後ほど記しますが、その基本に二項以上のことがらを思い巡らす習慣が必須です。相手がどれほど偉大であると信頼し同調しても自分ではありえません。もちろん、対比だけではなく、類比、似ているものの比較も含みます。「間違い」の意味として、「途中の操作や前提が当を得なかったために生じる、正しくない結果」（『新明解国語辞典』）と記されていました。①は「しようとする者は、それだけに」②は「何かやっているうちに」にとあり、何やら前提や条件の違いから生じた結果の違いと言えなくもないようです。

国語の授業を進めるのは意外と難しい。例えば、教員が、「犬も歩けば棒に当たるというのは①の意味だよ」と説明した後日、生徒が辞典を持参して、「先生、こういう説明が書いてありますよ」と②との違いを質問したり、試験で意味をたずね、①を一般解として丸を与えた後で、生徒から②が正しいのではないかと迫られたりしたらどう対応するか、というようなことが折々起こります。

本書223頁に載せた「雨降って地かたまるとはウソである」などという生徒の川柳作品など、一般的な解釈を自己の経験で全否定したことによって新たな作品価値を醸し、生まれ変わっています。因みに、質問や対照的な意見が出たりすると、私の場合、まずもって「よく気がついたね」とか、「よく調べたね」などとねぎらいます。で、「何のどこにどう書いてありましたか」と確認。典拠を訊ねます。次に「君はどう考えているの」とたずね、「コピーさせてもらっていいかい」と応えるようにします。私も調べ、辞書の説明を引き比べます。そうして本文とも引き比べます。国語通信を出しているときは、質問の内容と調べたことと、私の解釈を書きこんで配布するようにしてきました。

俳句、川柳、短歌をも含め一つの文章作品を評価するときには、ひとつの出来事が、時間の流れ、筆者の目の動きに従いありのまま淡々と書き進められている文章に重点を置いて評価します。

朝日新聞社から出版されている司馬遼太郎さんの『司馬遼太郎が語る日本　未公開講演録』第一冊には、司馬遼太郎さんが「リアリズムの極致が散文であり、しかも散文を用いる時には私心があってはならない。そして二千年前の弥生人から二千年後の未来人にいたるまでわかるような文章を書かなくてはならない」と語られたと記されています。「私心」たらたらの自分への自戒もこめて引用させていただきます。同講演録六分冊を読み改めると、司馬さんのご様子やお言葉を通して「心的過程いかにあるべきか」について啓発されることばかりでした。以下、同書からの抜き書きです。

私は、私心がある人のことを素人というのだと思ってきました。私心を去らなければ文章は書けないんだと。私はタダの人間ですが、人間というものは思い上がるものです。新聞に連載小説を書いていたりすると、自然と算術的に知名度が上がります。その知名度が上がった自分と、生身の自分とが同じだと思いがちですが、そう思ったら小説は書けませんね。一行も書けなくなってしまいます。随筆を書くとか、同窓会や社内報に頼まれた場合、お書きになるのはご自分ですね。自分を表現するんだから、私心があっても当たり前だと思われるでしょうが、そうではありません。

夏目漱石はよく「則天去私」という言葉を書きました。「天に則り私を去る」私はこの言葉について、せいぜい生活のモットーなんだろうと思っていたのですが、いまは確信をもっていえるようになりました。この言葉は、漱石の芸術論でしたね。文章は物を表すためだけに、あるいは心を表すためだけにあります。正直であればいい。それが基礎なんですが、つい格好をつけます。「どうだ、名文だろ」と、自己をひけらかしたりするのが私心です。自己は本来、生まれたては清らかだとします。清らかなものは世を経り、世間を渡っているうちに競争心が出てきます。負けず嫌いにもなるでしょうが、文章を書くときにそれを出してはいけません。漱石にも負けず嫌いの気持ちはあったでしょうが、それを押し殺しての「則天去私」です。文章を書くときでも「則天去私」でいく。そんな決意が、その言葉に込められていたと思うようになったのです。

先に、定時制で学ぶ生徒の三作品をご案内しました。共に私心のない文章に仕上がっています。

第二章　たしかなことを求めて「国語」に向き合う

1 『「国語」って、何勉強するんだよ』を正面にすえる

表題『「国語」って、何勉強するんだよ』という問いの重厚さを再認識し、少々たじろいでいます。

どうして、この問いが新鮮で、インパクトが感じられたのか、思い巡らしてみました。

私たちの多くがこの国で生まれた時、周囲には日本語が溢れていました。しかも、この国で生涯を送る人にとってこの状況は終生変わりません。その間、基本的に9年から12年、「国語」という教科を学び、日本語で書かれた文章の読み書きを中心に習います。もちろん、その間も、周囲に日本語が溢れているというこの状況は変わりません。学校では、節目毎に履修状況を確認する考査が行われます。けれども、結果として平均点が50点であっても、授業は前へ前へと進められていきます。それで、日常会話や生活にほとんど支障を来すこともなく、漢字や言い回しを少々間違えて、一瞬、恥ずかしさを覚えたとしてもそれだけのこと。大学進学するにせよ、「国語」を選択肢から除外したり他教科で挽回できればよいだけのこと。客観的なこと（知識の習得や解法の熟知応用、論理的な選択法）を求められる古典を含む総合問題で平均値を超えればＯＫ。決して難事ではあり

ません。そこで、Mさんの言葉をもう一度正面に据え直してみることにします。
《「国語」って、何勉強するんだよ》という命題を次のように分割してとらえ直してみます。

❶「国語」について……………「高等学校学校で教わる教科（現代文）」と考えます。
❷「勉強」について……………「勉強」ということばの意味と本来の「勉強（学問）」のありかた
❸「何」について……………「勉強」の目的、内容、方法
❹「んだよ。」の行方……………自分との向き合い方
❺「主体的な勉強」の余得……「訊ね方・教わり方が拡げる世界」

❶「国語」教科が設けられたわけ

明治政府が欧米の近代文明をいち早く自国に取り入れ、追いつく際に、もっとも大きな障碍になったのは多岐にわたる方言の存在であり、もう一つは、欧米諸国から輸入される文物とその機能をいち早く紹介し、全国的に普遍化する手だてだったようです。明治政府の高官たちが、欧米社会の姿に驚き、それを支えている近代法を敷き、富国強兵・殖産興業策を推し進めようとしますが、話し言葉の不統一による新政府組織内の不一致や不和の克服はかなりの難題だったようです。

それでも、世界に誇るべき日本語辞典『大言海』が国家事業として成し遂げられました。作家司馬遼太郎さんは、ご講演で夏目漱石や正岡子規らの表現が多くの人にゆきわたるようになって、言

文一致の日本語がやっと定まり始めたのだと繰り返し紹介しておられます。その普遍化を支えたのが、第三次「小学校令」で、四年制の無償の義務教育が始まり、就学率は一気に上昇します。日本全国の小学校で「国語」の標準語による教科書を用いた授業が始まりました。さて、

❷「勉強」って「何」をどうすることなのだろう

『新明解国語辞典』には、次のように書かれています。

べんきょう【勉強】(そうする事に抵抗を感じながらも、当面の学業や仕事などに身を入れる意)

①知見を高め・(知識を深め)たり、時間を有効に使ったり単位・資格を取得したりするために、今まで持っていなかった、学力・能力や技術を身につけること。

②現在ストレートにありがたいとは言えないが、将来の大成・飛躍のためにはプラスとなる経験。

❸「勉強の目的」と「内容」と「方法」

①②どちらの説明にも「ため」という形式名詞が用いられています。「ため(為)」には、「そのことを　目的とすることを表わす」と同辞典にありますから、

【勉強の目的】について言えば、「知見を高め・(知識を深め)たり、時間を有効に使ったり単位・資格を取得したりするため」あるいは「将来の大成・飛躍のため」ということになりましょう。

ただし、上記辞書の説明には、「（そうする事に抵抗を感じながらも、当面の学業や仕事などに身を入れる意）」という興味をそそる文言が付記されています。なぜ「抵抗」を感じるのでしょうか。また、「当面」という修飾語はどういう意味を持つのでしょうか。さらに、このような有り様（実態）を本当に「勉強の目的」などと断じてよいのでしょうか。

こうしてあれこれ思い巡らすうちに、「勉強」という言葉が、基本的に、高等学校までの児童生徒の学習行動について使われている用語であることに気づかされました。大学などで専門性の高いことを追究するのは、どんなに役立たないように思われることであっても、一般に「勉強」とは言わず、「研究」とか「学問」と言い習わしているようです。

【勉強の内容】は、

「（未修得の）学力・能力や技術を身につけるプラスとなる経験」

「（そうする事に抵抗を感じながらも、当面の学業や仕事などに身を入れる意）」さらに、

「現在ストレートにありがたいとは言えないが、」と書かれた添え書き内容が「勉強」には必ず伴うようです。

つまり、「勉強の内容」について補足すれば、「何かに迫られて、当面する学業や仕事に身を入れる」という、他律的で主体性を欠いた努力・苦労をしながら反復習得し、「将来の大成・飛躍のため」とある以上、大学などの上級学校に進学してキャリアアップのためになすべきことと経験のことというイメージが湧いてきます。もちろんこれは、「勉強」という言葉の解釈に関わることです。

一般に私たちが「勉強する」という場合、こういう内容で用いているということも知っておきたいことです。この章で考究することとしては、「学問」という言葉の方が相応しいかもしれません。Mさんの「勉強」は「学問」を意味することとして以下の考察を進めます。

ならば、本来の「勉強（＝学問）」のあり方というのはどういうことになるのでしょう。

ここは、辞書の添え書き部が暗に示すことをひっくり返し、本来なら「自分の意思で、主体的に学び問う」という学ぶ側の積極的な姿勢が求められるべきだということになりはしないでしょうか。つまり、「教わり方」を身につけ、「学び、習ってわからないことは訊ねる、問う、表現する」という積極性を発揮するという方向性が求められることになりそうです。

❹「……んだよ。」の行方

「……んだよ。」は、「何かに迫られる（他律的である）」という姿勢でいるうちは、たしかな目的も内容も言語行為のあり方も、学習法も総じて、時枝博士の仰る「場面（教員をはじめ教科書や友人の発言やその場の雰囲気など）」に委ねられ、くり返すほどグチになってしまいかねません。すでに「言語主体」つまり、言葉を自分の感覚で読み書き聞き話す主体ではなくなっています。

こう考えると、「……んだよ。」が自分の内に向かって問いかけ、心の中で質して自分の中で疑問を消化し続ける限り、言い換えると、問いを外に発して訊ねたり質したりしない限り、身の回りのあるべき学習環境と状況はいつまで経っても変わらないということになります。

黒板に書いたことを丁寧に書き写し、考査でそのまま吐き出すことによって高い得点をはじき出しても充実感がない空白感……。生徒がこういう実感をもっているとしたら、この状況を克服するには、まず、自分はいま、ここで、何をしようとしているのか、という自問が必須です。

自分の感覚器官を開いて、いま、その場の中心にいる人物（教師）の書いたことや説明よりもう一段階前のことに向ける。たとえば、教師の口にする言葉の前に兆している「心的過程」、つまり、「自分たち（学ぶ者たち）に本当はこういうことが伝えたいという思い」で、「このように語り、板書しているのだ」、というとらえ方をして場面（「相手＝〈教師〉や板書や他の生徒など学級全体」）に向かい改め、不明なことがあれば、外に向かって質していくことになります。これが主体性を取り戻した学び方・問い方になるのではないでしょうか。必要なのは準備です。

もちろん、指導する者の説明の流れに沿って自分の思考していることが合致して納得でき、ズレたりブレたりしていなければ、訊ねることも質すことも必要ではありません。目の前で進行していることの流れが掌握できて納得がいけばメモするだけで、勉強も学問もスムーズに進んでいきます。

❺「主体的な勉強」の余得

自分の意思で授業の進行に棹さしたり、自分の見解と指導する側の者が言うことに疑問をはさんで言い止（さ）すというようなことはなかなか難しいことです。けれども、いい質問で授業の流れがちょっと止まると、間ができて、他の生徒の頭の中にも同様の疑問が新たに湧いてきたりして、整理し直したり、そこから自分で改めて考え始めることなどは往々にしてありうることなのです。

このことが勉強の余得です。①精確な知識・使える語彙の増加、②問い方・教わり方の取得、

③技術技能の修得、④「観」を形成する緒（いとぐち）の発見などになります。

「精確な知識・使える語彙の増加」は深く学ぶ上で欠かせないことです。「精確な」というのは、自分の経験をもとにしたわかりやすい言葉でその意味を説明できることによって確認できます。使いこなせる言葉が増えるにつれ、その分野の中で日常的な課題を解く機会も大幅に増え始めます。

相手を傷つけない訊ね方や教わり方というのは、自分の疑問を相手にわかりやすいように説明し、「ここがわかりたいので、教えてほしい」と持ちかけることです。問いの内容を整理し、具体的な指摘ができ、自分の知りたいことを短い言葉で自分の方から近づいて訊ねます。訊ね方がうまくなると、相手は時間いっぱい応えてくれるはずです。自分から訊ねたことは、意欲を伴っているから結果として自分の耳が澄んでよく聞こえます。この流れを「型」にし、一般化して言葉で括っておくと、具体的な場面で活用も行動もすることができ、きっと自分が主体的に学べた喜びと、具さに教え得た相手の満足感と喜びをも引き出してくれるはずです。

この一般化された考え方の括りを「観」というのではないかと、今の私は考えています。詳しくは、後の章に記しますが、こういう心境に至ったとき、全体と部分、具体と抽象、分析と総合などという一見対立して見える事柄が一つのことのように把握でき、思想や認識を深めて、たしかな行動ができるようになるのではないかと考えられます。

「何を勉強するのか」の「何」は、国語の場合、教科の担うべき本質的な性格上、どうも固定した知識とか文法事項とかいうことが占める割合は少なく、そういう目で見ただけではとらえきれないことの領域の方がはるかに大きいようで、時枝博士が仰る「方」に近いことのように思われます。

「国語」って何勉強するんだよ、……ほんとうに味わいの深い絶妙な問いです。

このことについて考える上で、手がかりになることの一つとして学習指導要領があります。ほぼ、10年毎に改訂されてきた新学習指導要領が、現場の授業を進める上で、ひとつの方向性を示しています。教師になりはじめの頃、「教科書を教えるんじゃなくて、教科書で教えるんだよ」という言葉をよく耳にしたのですが、国語の場合、教科書なしに授業展開する先生方はおられませんでした。私の場合、事前に教材の全体像を一枚の用紙に書きつけ、表現に絡むような流れを創るようにしています。その際、学習指導要領が目指す方向性だけは確認して取り組むようにしてきました。

例えば、今回の改定でも言及されている「生きる力」という教育目標について、この言葉が登場した時から私は民俗学者宮本常一先生のお言葉を基本において考えるようにしてきました。宮本先生の場合、生涯の道程自体が「生きる力」を蓄え、発揮されたお手本そのものだと認識しています。「国語」の授業で生徒達に身につけてほしい「ものの見方や考え方」について、なるほどと思い知らされる表現がうかがえ、他人様の言葉の裏面に寄り添っている厚意や思い入れなどを汲みとり、相手のことを互いに慮る聞き手や話し手の有り様が宮本先生の目と耳と手を介して随所に記されています。

以下、凡て、『民俗学の旅』（講談社文庫）から引用しています。説明の都合で番号を付しました。

①父からよく言われたことは「先を急ぐことはない、あとからゆっくりついていけ、それでも

人の見のこした事は多く、やらねばならぬ仕事が一番多い」ということであった。後年渋沢敬三先生からそのことについて、実践的に教えられることになる。

②母はどんなにつらいときも愚痴をこぼさず、また決して私を叱らなかった。私の寝ていると き決して頭の方を通ることはなかった。

③郷里から広い世界を見る。動く世界を見る。いろいろの問題を考える。私のように生まれ育ってきた者にとっては、それ以外に自分に納得のいく物の見方はできないのである。足が地についていないと物の見方考え方に定まるところがない。ふるさとは私に物の見方、考え方、そして行動の仕方を教えてくれた。ふるさとがすぐれているからというのではない。人それぞれ生きてゆく道があるが、自分を育て自分の深くかかわりあっている世界を、きめこまかに見ることによって、いろいろの未解決の問題も見つけ、それを拡大して考えることもできるようになるのではないかと思う。

④(松本繁一郎という電信技術担任の先生が)町家の二階へ下宿していて、あそびに来るようにとのことで行くと、帰りに西田幾多郎の『善の研究』を下さった。そして「読んでもわからないだろうが何回も読むことだ。何回も読んで考えているとだんだんわかってくる」と言った。静かに物を考えることの尊さを教えてくれたのはこの先生であった。

⑤(後年、この先生は裁判所の判事になり、大阪に在任時)重要な事件のおこるたびに、私は先生のところへ呼ばれて事件の厖大な調書を読まされた。そして意見を聞かれた。調書を静かに読んでいると悪人というような者はほとんどなかった。ただ気が弱かったり、事のはず

みで法にふれたという者が意外に多かったばかりでなく、日常生活の慣習的なものを法律に照らしてみると、それにふれるものの多いことについても教えられた。

「法律の条文は条文のまま読んではいけない、犯罪のおこされた背後の社会状況も考えなければならない。」「一つの事柄に対していろいろの見方があり考え方がある。どれもみな間違いではない。しかしその中からたった一つだけの答を出すには何を基準にしたらよいかを考えねばならぬ。それは害を加えたもの、加えられたものの、それぞれの心や物質的な痛み、それも過去、現在だけでなく、将来のことも含めて考えねばならぬ。そうすると裁くというのは単に罰することではなく、人間的な反省の機会を与えることが基準にならねばならぬ」と言われたことがあった。こういうことばは不思議によくおぼえている。
⑥これぞと思う寺（に何十回というほど参りそ）の仏像を心の中に焼きつけておいて、それをたよりにいろいろの仏像を見ていくと、他の仏像の中から多くのことを教えられるのである。どんなものを見ていくにも基準になる具体的なものを持つことが何よりも大切であると教えられた。
⑦(教員住宅の）家へは大ぜいの友だちが来、また子供たちが毎晩のように押しかけてきた。日曜日には子供たちと村を中心にして一〇キロくらいの範囲を歩きまわった。「小さいときに美しい思い出をたくさんつくっておくことだ。それが生きる力になる。学校を出てどこかへ勤めるようになると、もうこんなに歩いたりあそんだりできなくなる。いそがしく働いて一いき入れるとき、ふっと、青い空や夕日のあたった山が心にうかんでくると、それが元気

を出させるもとになる」子供たちによくそんなふうに話した。

※（　）内は、松金の補足説明です。

「生きる力」についての考え方については、⑦の引用で事足りるとは思いながらも、今回、表現・理解する際の「心的過程」の説明に応用できる事例が随所に見いだせると考え多岐引用しました。

また、「国語」を勉強する目的も方法もその大概の考え方も上掲の事例に見え隠れしていると考えています。日本全国を訪ね歩き、その土地の人々と会っては語り、訊ね、耳を澄まし、発見し、さらに具体的に学び、写真を撮り、編集し、書き残し、講演し、農業や漁業、島の暮らしや山間の暮らし、そこでの営み、幸せ、風習、伝統……その他諸々の日本伝統文化とその周辺・背景について「言葉」で要約し記録された方は宮本先生の他におられないでしょう。つまり、「読む・書く・聞く・話す」言語行為を縦横無尽に機能させた方々のなかでも第一人者だという思いを込めて引用しました。

総じて、宮本先生のものの見方や考え方（＝学問の手段方法）の根本には、人の目に見え難い心遣いを感じとれる感性の豊かさが窺えます。故郷のご家庭で育まれ、傾聴を重ね、行脚を通して培われた経験に裏打ちされた学問的姿勢が周囲の人の心に響いていたからこそ、先生を導き、後継者や協力者にしたくてたまらないという恩師・恩人の念いを引き出していかれたのだと考えられます。

「生きる力」というのは、一日にして身につくものではないことでしょう。人は一人ひとり生まれも育ちも尽く異なります。それが社会に交じりながら、自分だけの生き方を全うしていきます。

宮本先生の場合、師の多くは、日本全国で暮らしてきた古老を初めとする市井の人々でした。佐野眞一さんが書かれた『旅する巨人』（文藝春秋）に、宮本先生は、こう紹介されています。

「宮本常一は、今日の民俗学の水準からは想像もできないような巨大な足跡を、日本列島のすみずみまで印した民俗学者だった。その徹底した民俗調査の旅は、一日あたり四十キロ、延べ日数にして四千日に及んだ。宮本は七十三年の生涯に合計十六万キロ、地球をちょうど四周する気のとおくなるような行程を、ズック靴をはき、よごれたリュックサックの負い革にコウモリ傘をつり下げて、ただひたすら自分の足だけで歩きつづけた。泊めてもらった民家は千軒を超えた。」

宮本先生の御業績が特筆に値することは申すまでもありませんが、学問研究者の典型として、故郷と出自を大切にし、生涯一つの主題に照準を合わせ、自分の足で歩いて他者から学び続け、訊ね続けられたお姿ご生涯そのものが「生きる力」の典型的な顕現になっていたのではないでしょうか。

たしかな勉強を考える上でもう一つ。童謡詩人まど・みちおさんのお言葉をご紹介します。

■私の場合、詩は「つくる」ちゅうより「生まれる」という感じがします。例えば、こんなことがありました。テーブルの上に置かれていたリンゴを見て、その美しさにハッとし、私の中の何かが震えた。なぜハッとしたんだろう、美しいと思ったんだろうと追求していったら、そのうち「リンゴが占めている空間は、ほかの何ものも占めることができない」ということに気がついて、またハッとしたんですね。

　ひとつのものがあるとき、そこにはほかのものはあり得ない。そういう「ものの存在のしかた」っちゅうものが、すごく美しく荘厳（おごそか）に思えて、その素晴らしさを言わずにおれなくなったんです。それからしばらくするとね。今度は、ありがたく思えてきたんです。リンゴでも、ゾウでも、ノミでも、マメひと粒でも、あるいは私みたいなインチキのぐうたら人間であっても、それがここにおればほかのものは重なってここにいられない……っちゅうことは、この地球のうえでは、どんなものも何ものにも代えられない、かけがえのない存在として存在させてもらっている、自然の法則によって大事に大事に守られているということでしょう？　それは、なんてありがたいことだろうと。

　この世の中のありとあらゆるものは、すべてが自分としての形や性質をもっていて、それぞれに尊い。そこにあるだけ、いるだけで祝福されるべきものであり、みんなが心ゆくままに存在していいはずなんですよ。

　なのに私たちは、人と自分を比べ、人のマネをして、かけがえのない自分を自分で損なっている。人種や国籍や宗教の違いなどを理由に、他人の存在を侵すようなことばっかりやり合っとる。ましてや人間ではないほかの生きもの、つまり動植物に対しては、メチャクチャ傍若無人に振る舞ってますでしょう？　年をとるにつれ、なおさらそのことが強く感じられて、これはやっぱり言っとかなくちゃならんと思ったんですね。

『いわずにおれない』（まど・みちお／集英社）

リンゴ

リンゴを　ひとつ
ここに　おくと
リンゴの
この　大きさは
この　リンゴだけで
いっぱいだ

リンゴが　ひとつ
ここに　ある
ほかには
なんにも　ない

ああ　ここで
あることと
ないことが
まぶしいように
ぴったりだ

ノミ

すばらしいことが
あるもんだ
ノミが
ノミだったとは
ゾウではなかったとは

今、この眼界の内に、唯一無二の自分も存在していることを肯定的に受け容れ、「この世の中のありとあらゆるものは、すべてが自分としての形や性質をもっていて、それぞれに尊い。そこにあるだけ、いるだけで祝福されるべきものであり、みんなが心ゆくままに存在していいはずなんですよ。」と書かれたまどさんのお言葉に拠ってものごととその関係を再認識することこそが本当の勉強を考える出発点になるのではないかとも私は思っています。

まどさんの詩のお言葉も、もちろん「もの」に対する解釈のひとつです。例えば「本当の勉強」というと、「本当の」に応ずる「解釈」が先立つことになります。「解釈」は、思考する百人百様に虚構されるので、「本当の」という意味づけは、勉強する本人（当人）が主体となって自分の内言でイメージして成立させるしかありません。某金融機関のCMに倣えば、「そこに『I』はあるんか！」ということになりましょうか。ほかならない「私」が、志を立て、人間としての大義を言葉で設定し、その社会性や倫理性を確かめた上で、主体として引き受けた課題や問いに向き合い行動してこそ、勉強や研究の方向性は決定するわけで、「本当の勉強」があるとすれば、本人・当人が追究しようとする目的に沿った課題や問いを設定しない限り見いだすこともとらえることもかなわないということになります。

つまり、「勉強」の本義は、自らの経験や読書を通して、すべての存在が、「そこにいるだけで祝福され、心ゆくままに存在する」ことがゆるされる社会の実現に貢献するというような目当ての設定によって始まることになるのではないでしょうか。「国語」の勉強はそのサポートにこそ役立ちます。「国語」とりわけ現代文の蔵には、社会、世界、人類、自然が抱え切れないほどの課題について書かれた厖大な文章が蓄えられています。教科書や入試問題に採用されるような文章を自力で読み、書いた人や書かれている人物の「心模様＝心的過程」を慮りながら、自分の心の方向性との共通点を探りあて、その課題を克服する模擬実習から現実的で行動を伴う実践的な勉強が始まります。その記録をとり、表現していくことで初めて自分主体の勉強の仕方が次第に見え始めるのではないでしょうか。具体的な教材例を採りあげます。教科書に掲載されていた辺見庸さんの作品、「地上ゼロメートルの発見」の全文です。

人や物を見るときの「目の射程」に、私はいつも悩む。遠目がいいと思ったり、いや、至近距離がいいと思ったり、とんでもない、中間距離のほうが形象の把握としてはまともなのだと考え直すこともあり、文字通り定見を持たない。

旧ソ連の軌道衛星「ミール」で日本人初の宇宙飛行をした秋山豊寛さんは、ご自分を「普通のオジサン」といってみたりして、気取りもてらいもない人だ。ただ、これは直接お会いしてわかったのだが、地上四百メートルから見た地球について語り出すと、まなざしがはるか彼方を望むようにスィーっと変わる。詩人か哲学者の表情になるのだ。夜の地球は薄いピンクの心臓だった……などと、秋山さんは著書のなかであっと驚くほど鮮やかな描写をしているが、たぐいまれな距離の経験は人を詩人にしてしまうのかもしれない。そういえば、「エンデバー」から地球を見た毛利衛さんの語りも、時として詩的であり、哲学的であった。

しかし、よほど幸運でなければ宇宙飛行など経験できるものではない。それでもこの乱世、凡人なりに距離を変えてものを眺め、少しは詩的にも哲学的にもなってみたい。どうするか。

某夜、私は考えた。秋山さん、毛利さんの逆をいってはどうか。つまり、地上ゼロメートルからものを見てみる。大地にベタリとはいつくばったら、世の中ちがって見えるのじゃないか。いささかもの狂おしいけれども、これなら訓練もいらない。

家人に発見されたら怪しまれる。最初は自室でやるしかなかった。

両ひざ、両肘をついて、木の床に鼻を押しつける。まるでラマ教徒の五体投地のかっこうだ。湿ったにおいが鼻を撃ってくる。顔をもたげないと焦点が合わない。ルーペを持ち出し床をはいずりまわる。木目というのはひとつとして同じ形をしていないものだ。渦あり、大波あり、さざ波あり、樹木が刻み込んだ波形の時間の模様に私の指紋や掌紋が重なる度に、普段は考えもしない時というものの神秘を感じた。

物や人への中間距離に私たちは慣らされすぎているのだと思う。やはり、思い切って近づくか遠ざかるかしなければ、常識という、とても正しくとてもまちがった檻から逃れることはできないのかもしれない。

この夏は葉山の海岸で地上ゼロメートルの眺望を楽しんだ。ルーペをのぞきこむと、光を放っていない砂はひと粒としてないのだった。石英質の砂は別して色鮮やかな光を散らし、空の星に遜色ない美しさを保って水際にひしめいていた。耳をすませば、億万の砂の合唱が波の音に重なって、まるで天上の音楽のように聞こえてくる。極大の宇宙のなかに息づく、極小の宇宙の無限を感じたことだった。

先日は公園の芝生を匍匐前進していて、青に白い帯がかかったビー玉を一個見つけた。新星発見、である。

『大修館書店　新国語Ⅰ』

理解しやすい文章で、ほとんど説明を要しません。短い文の多用による歯切れの良さ。軽妙でユーモアもあります。何よりも、筆者の思いが率直に書かれており、読者の目が筆者の目の動きに重なって最後には筆者とともに匍匐前進させてしまいかねない文章です。まず、この文章でもっとも言いたいことを確認しました。「常識という〜逃れること」――。大多数が同感しました。これが《目的》。そして、この文章には、「常識という、とても正しくとてもまちがった檻から逃れる」《手段＝過程》が3カ所に書かれています。授業の中では、「過程（手だて・流れ）」に拘り、なるべくこの部分を丁寧に形象化させせました。当教材の場合、生徒それぞれの「地上ゼロメートルの発見」を表現させせるに如くはないと思い至りその書き方をプリントで紹介して宿題にしました（189頁以降に関連記事）。生徒提出作品は印字化の上、印刷配布して披露します。それでこの教材の読解は「完了。」となります。

つまり、Mさんのように高校での勉強で、国語に限らず「何をどのように勉強すればよいか」という課題をもつ人にたしかに言えることは、まず、その時間に為すべきことを、授業する人と言葉で客観的に確認し合ってはどうでしょう。授業者はその1時間で「何がどうできるようになること」を目標とするかを定め、教材の「初め・中・終わり」に該当する作業を時間の流れに沿い、受業者を慮り、受けとめやすい「言語行為」に包んで届けます。受業者は、授業者の心を慮り、その目標と過程と因果の流れを想定しながら全体として理解、吟味する過程で学習の内実を確定していきます。

他ならない自分という一個人が、【今、ここで、××先生の指導に拠り、「○○する」という目標を充たすために、◎◎という課題に対して、①→②→③（……④）という過程を経て△の変化を分析し総合的に捉えた。その原因・理由は◆であった。要約すると、○○するには①②③の流れをくみとり◆という原因を導き出せばよいということがわかった。】などと、全体の流れを文章化できる学び方を心がければよいのではないでしょうか。

指導する立場であればこうなります。言葉や文は、いつも時間軸上に乗っかって流れます。ですから、その教材を教室で起ち上がらせようとするなら、その教材を説明する言葉は、線から帯状に広げないとより多くの生徒には届いていかないはずです。帯状に広げるというのは、生徒からの質問が沸くような仕掛けをしたり、隣同士で教え合わせたり、小話を挟んで笑わせて導入したり、専門用語を解きほぐしたりして間を引き延ばす指導技術のようなものと考えればよいでしょう。

私どもが求める「たしかな授業」、つまり充実した授業をする仕掛けも同じことです。例えば、先に掲げた宮本常一先生の文章からうかがえるような、人が人と出会って言葉を交わしたり、内容が深く、生きる上で応用価値の高い心遣いが随所に管見できる文章を教材化するには、第一文から読みたくてたまらなくなるような仕掛けをし、登場人物の言葉から清々しい人間らしさを起ち上がらせ、相手を慮る語り手や主人公の人物像、形象や背景を文章から拾い上げさせ、どういう視点から書かれているか確認します。書かれている言葉を通して、筆者がどのような虚構を仕掛けているかなど、筆者の「心的過程」を生徒たちに訊ねては文章全体の構図を読み取り、吟味、確認、修正等の仕掛けをします。流れに乗り、一人ひとりの生徒が、要約表現でき、他者にも理解できる文章が書けたら、国語の時間で具体的に何をなすべきか自ずと顕れてくるはずです。

共に問いを創り、問いに対する答えは急がないこと。急かさないことが大切です。急ぐと、心的過程がはがれ落ちてしまう。急げば急ぐほど、授業に入り込める生徒の数だって逓減していきます。

2 国語の「たしかさ」を支援する二つのこと

(1) 学級通信ほか通信文と広報紙の発行

学級担任をしたときは、学級通信を毎日発行するようにしました。毎日書くから毎日出せます。へたでも当初は自筆で書きました。言葉には否応なく自分の本性が投影されるから、自分の言葉を曝して自己修正するためにという意味もあります。自筆だと日々の心の揺れ具合も届くという意味ではワープロ書きとはひと味違った通信文になって現れていたかもしれません。

書く内容は、教室で進行中のこと、生徒の作品紹介、学校行事のこと、近頃読んだ本のあらすじ。テレビ放映されていたニュースや話題のこと。新聞のコラム切り抜き。月ごとの予定。学級の座席。その他ハッとしたり思いがけず気づいたことなど、身近で起こった小さな事件ほか諸々のことでした。

学級通信の力と魅力を初めて実感したのは、静岡県の近藤貞巳先生の実践報告でした。『教育ってなんだ　下巻』（斎藤茂男編著／太郎次郎社）に掲載された記事によれば、近藤先生は、ガリ版刷りで日に３枚から４枚発行され、年間総数７４２枚という記録をもっておられるとのことです。近藤先生の学級通信名は『どろんこ』。「自分を見るバロメーターのつもりで発行している」と書かれています。つまり、「授業に打ち込んでなかったり、子どもを見てなかったりした日は、いざ書くとなって、さっぱり子どもの顔や発言が浮かんでこんもんで……」というのがそのわけなのだそうです。

授業もオリジナリティいっぱいで、一日の始まりから子どもたちの楽しくてたまらない様子が『教育ってなんだ』には存分に書かれています。後に、同社発行『われら生涯ヒラ教員』（西沢紀生／太郎次郎社エディタス）にも近藤先生（＝うどんこ先生）の姿が採り上げられています。箱根全国「ひと」塾で実際の学級通信の書き方や素材のこと、編集のことなども直に教わりました。終始笑いに包まれてお話を伺い、心底学級通信発行の意味が納得でき、自分の通信発行に至りました。

就職指導の担当になったときは、現場からの思いも生徒や保護者に伝わるように工夫を凝らして「進路通信」を発行。後に、T高校が併設型の中高一貫高校を起ち上げるプロジェクト担当になった時にも、学校の状況や具体化状況などを多くの対象者に向けて月1回発行し続けました。

保護者の方々に、学校の側の思いが伝わりにくかったり誤解を生みやすいのは、日頃学校で行われていることが率直に伝わっていないからだと思います。進路情報、進学情報、学校で困っていることなども率直に伝えて協力を仰げばよいと思う。率直な思いや声が届かねば気持ちも通い合いません。

　近藤先生のレポートをした記者はこう付け加えていました。

「近藤先生でなければできない授業は、なにひとつない、といってよいでしょう。ところが、多くの教師は、口ではいっても、すぐに『足並みがそろわんとね』とか、やらないですむ理屈をこしらえてしまう。近藤先生には、ネバナラナイという理屈がないんだと思う。ネバナラヌという使命感なんかでやれるもんですか、教師の仕事なんて。教師自身が、やりたい、やれば楽しい、やらなくちゃいられない。そんな内面の欲求に駆り立てられて動く。……」

　卒業した子に出会うと、当時の多くの教え子が「学級通信、まだもってます」と語ってくれます。名前をもつ人がそこで生きていた時間を蘇らせるには、言葉で書き留めるしかありません。

(2) 自分史作成を意識した表現の授業——そして日記へ

　在職中の高校で夏休み中の夜間を使って地域の成人希望者向け自分史作成高校開放講座を引き受けたことがあります。私どもが一人の人間として生まれ、言葉を記せるからには、天恵の自分の生涯を記す卒業論文のようなものとして一冊の自分史を書きあげる力を凡ての生徒につける手だてを高校時代に準備し、一度は経験させておいてあげたいと今は切実に思い巡らしています。

　自分史というのは、必ずしも随想風に書かなくてはならないものではありません。家族写真集、句集、歌集、写真集、往来集、集落史などでも充分です。自分が生涯をかけて注いだエネルギーの向かった先のことを記録に遺すこと……自分史を遺すことは、自分以外の誰にも適わないことです。歳を重ねるほどに、思い起こせる言葉が次第に剝落していき、幼い頃に遊んだり泣いたり笑ったりした「美しい思い出」は色鮮やかに蘇り、顔も名前もありありと思い出せるのに驚かされます。

『井上ひさしの作文教室』（新潮文庫）では、講座内での文言として、こう書かれています。

《「長期記憶」というのは、われわれ一人ひとりにとって、大変貴重な財産なんです。私は、人間にとって「死」というものが、ほんとうに厳しいものであるということの、その理由のひとつが、この「長期記憶」に関係すると考えています。ひとりの人間が長い時間かけて収穫し、ため込んだ記憶が一気になくなってしまうわけで、非常に不幸な、かけがえのない損失だと思います。》

長期記憶は、古いことほど鮮明です。長い時間消えずに残っているということは、きっとそれだけ繰り返し繰り返し心中や口頭に何度も起ち上がってきた思い入れの深い言葉だからなのでしょう。

自分史作成を私がお奨めするのは、自分のことを描ける人物など自分以外にいないから。つまり、自分を語る言葉は自分の中にしかないし、個人個人にとって最高の傑作は自分史だと思うからです。私どもが、生きていることをリアルに実感できるのは、「今、ここ」で起こることばかりです。

S高校にいたとき、夏休みの宿題に、「読書感想文の作成または、……」として原稿用紙百枚の自分史作成を課したことがあります。実験的なことでしたが、20人ばかりの生徒が「途中までですが……」と言いつつ提出しました。最長で70枚近く書いた生徒がいます。その書き出しは誤字・脱字もあり、主述の呼応も乱れていたのですが、半分辺りから後にはいじめられた経験が実に具体的に記されていて、次第に文が勢いよく流れ始め、読む私の胸にも熱く伝わる佳作に変わっていました。いつも笑顔の女生徒で全く思い及ばなかった昔語りなのですが、最後辺りには、昔の同級生たちを恨んでということではなく自分の成長にとって大きな糧になったという文言が添えられていました。

書き出しは一枚の写真の細部に写っているただ一つの物との出会いから始めてはいかがでしょう。成長段階に応じ、過去居住していたり、アルバムの写真に写っていた場所を訪れたりして、過去の自分が今の自分と重なり合うのを確かめること。そこが自分史の折り返し点です。そこから新たな次の一歩を踏み出す。今に至った自分の在り難さに気づいたときから日記に切り替える。そして翌日の日記へとつないでいく。今から始まる長期記憶第一日です。

他愛なく見えたその時々の輝きに気づくために自分史を作る。日付と天気と出会った人・物・事を記すこと。総ての人にそんな一冊の自分史が書ける力をつけたい。切にそう思います。

第三章 「授業・講義・認識・表現」に興味関心を抱き始めた契機

1 「授業」が好きになる契機と教科書教材のこと

林竹二先生をはじめ、宮城教育大学の先生方が教育現場に入りこんで授業の実践研究をされ、教育誌で幾度も紹介された頃のことです。同大学の特任講師として出講されていた斎藤喜博先生のご指導のようすを撮り上げたテレビドキュメンタリーを拝見して、その指導法に圧倒されました。

「美しい歩き方をするには、自分のヘソを意識し、それが上下左右に動かないように前に足を踏み出しなさい」「でんぐり返りや鉄棒できれいな前転や逆上がりをするには、ヘソを自分の目で視るようにして試みなさい」……。そのときのままの物言いではないけれど、そのように指導されていたのを覚えています。自分が探していたのは、そういう本質をつき、どの子にもすぐに理解でき、行動して成果が出せる「術」を踏まえた言葉ではなかったのか、と思いました。生徒にやればできることを自覚させ、やがて自信に変え、さらには意欲をひきだすお言葉だと認識しました。私たちは、必ずしも学校の教室のなかだけで学習しているわけではありません。むしろ、自分が心を開いて向き合える憧れの先輩や大人や専門の職人さんなど、高い技能や技術をもち、結果を目の前で披露してくれる人たちの野趣に富む言動や無言の所作から学ぶ方がはるかに多かったのではないでしょうか。

学校では、時間制限の中で一律に教え、否応なく学ばせようとするから、教わろうとする自然な気持ちや好奇心がゆがめられ、萎縮してしまっているのではないかと思うようにもなりました。

その頃の私は山口県立の水産高校に在職中で、同校のベテラン教員と図って県北部の教員たちと「教育を考える会」という月例の集会を起ち上げました。十人前後の集まりでしたが、教育や授業のことについて心おきなく意見交換できる場になりました。その会合に出かけるうちに、「国語」教科書のことについて、単純なことながら大きな疑問をもちはじめていました。その集会で、水産、農業、工業などの専門高校の先生方と日々の授業の状況を話しているうちに気づかされたことです。

なぜ専門教育に相応しい教科書がないのだろうかという、ふと湧いた素朴で重要な疑問でした。

例えば、水産高校で学ぶ生徒達が、水産業に対する興味・関心をさらに高めて家業を継承したり、安全かつ安定的な就業をすることに役立つ国語教材をどうして教科書に掲載しないのでしょうか。もちろん、副読本でもよいのです。教科書に掲載されていた実例であげれば、宮本常一先生の「梶田富五郎翁を訪ねて」がよいのです。石牟礼道子さんの「ゆき女聞き書き」も深掘りできる作品でした。水産業に対する関心を高め、海洋汚染、公害病、磯焼けなど水産業を担う当事者として様々な課題を理解し、藻場ではたらく水生微生物の役割や多様性についての研究成果を広めたり、或いは海流や船舶運航の難航路をどう回避できたか。または、造船のこと、魚の名前の由来、市場の習わし……等々。日本の漁業であればこその関連素材が随所に掲載された国語教科書があれば、やがて水産業に身をおこうとする者にとってはどれほど興味関心や意欲、志をかき立てられることだろうと、当時の私は幾度も思い巡らしていました。同時に私たち教師も共進化できます。

農業高校もそう。商業高校も工業高校もそうです。専門高校に通う生徒数は、当時も今もおよそ30％にのぼります。彼らは皆、普通科高校で使う国語教科書を持たされていました。

普通科高校から「進学」する子たちに相応しい教材で学び、大学や大学院に進む。やがて教員になった人や大学人が国語教科書教材を選定します。そういう教科書が求める価値観や方向性をもつ編纂者や検定者たちが今日までずっと教科書づくりの中心になって編み・編ませ続けてきたのが作成の流れではないでしょうか。加えて、教科書会社は、普通科とは異なる道を歩もうとする者たちの誇りを満たし、興味関心をかき立てるような教材をなぜ載録申請してこなかったのでしょう。

当時の私は、海にロマンをいだき、海に生きようとする生徒たちに本当の力をつけるとはどういうことなのかということを真剣に考えました。普通科御用達教材で授業する場合、どういう視座から読解したり、表現したりすると、卒業後に水産業界で生きていくうえで役立つのか思い巡らしました。ことわざにも、水産業に関することならいくらでもあります。その日の天候を先取りしたり、操船のコツや釣りや道具の歴史、自然と海のつながりなど、その気になって探せば水産高校で、水産関連事業についての深い学びの準備をすることくらいいくらでもできるのにと思いました。海が好きな者には海の科学と海への情念を描いた読み物作品をぜひ採り上げたい。そして、水産業全体への志を喚起するのが、言葉と国語の教材であるべきなのではないかと考え、相応の資料も少しずつ求め始めました。第一次産業に関する教材など探す気があれば膨大な資料が集まることでしょう。

あれからほぼ半世紀が経過しました。ＡＩ（人工知能）が自ら学ぶ力をもち、二十余年後にはシンギュラリティを迎えると予測する人もいます。しかし、細胞をもち、食物を摂って生命活動を維持していくしかない人間にとって、あの頃から倍以上に膨れ上がった世界人口を糊する上で、第一次産業は今後ますます重要度を高めるにちがいありません。これまで、日本のおいしいお米や魚や無害な食料を供給し続けてきたのは気ままで厳しい自然とそれに向き合ってきた第一次産業従事者たちなのです。機械がどれほど優れていても、機械に生物のもつ柔軟な生命活動はなく、営みは「助力」だけに特化されなければなりません。私たちが細胞をもって生きる以上、生物の営みとその生命をいただき続けるしか手だてはないのですから、その必要性を全世界で再認識し、さらに持続可能性への展望を共有する時宜は熟しきっています。そこで働く者の誇りや使命に共感し、志気を高めることで、次代を担おうとする生徒がもっと増えるはずだという思いは今なお変わりません。

教材のもつ力は侮れません。その専門分野での就業を目指す生徒にとって、根拠の確かな評論や小説を読み、技術・技能を修得することは、さらに興味・関心・好奇心をかき立てるはずです。「国語」は、言葉以前の世界をも丸ごと教材化できる包容力をもっています。まずは、我々の周縁で起こっている現代的で、読むほどに関心や意欲をかき立てる教材を探し出し、それを精確に読解できる力をつけ具体的に示す表現力を錬成することが第一の課題です。さらにそれを抽象化、普遍化して社会へと発信できる構想力を培うこと。そのために論理的な「説明文」を読み書きでき、文章を順序よく組み立てられ、願わくは、機器を用いたプレゼンができる発信力につなぐ3年間を見通すこと。その高校に見合う「教材観構想」が国語科主導で運ばれることを今なお切に願います。

教材の次に求められるのは現場での具体的な授業展開とその内容及び実践力のことになります。

林竹二先生は、『授業の成立』（一茎書房）で、教師が「一年で一度、もっとも気に入ったテーマで、全力投球的な授業をやってみること」を提案され、次のように補記しておられます。

「その根本の狙いは、教師が自己の内部に動機をもつ授業を経験することである。その授業の成立する第一の条件は、徹底的な自分のための教材研究である。」と記され、こう付記されていました。「問題は回数ではない。その授業のために長期的、持続的な問題の追求がなされることである。そこに、この提案の核心がある。」「私のこの提案は、自分自身のための授業、自己の内につよい動機をもつ授業を創り出すのが目的なのだから、この、年に一度の授業は、人に見てもらう必要はない。」

また、陶芸家河井寛次郎氏は、「六十年前の今」と題し、氏の故郷安来で過ごされたときのこととして、随想風に「吉太と先生」と題する文章を書いておられます。私の梗概で転載します。

悪童として名をはせた吉太は乱暴者でだれもがおそれてはいたが、心の中では同級生から馬鹿にされきっていた。その高等科二年のとき、書き取りの時間に吉田という教師から、「お前は誰よりも一番よく知ってゐる筈だが、〈乱暴〉という字を書いてみよ」と名指しされた。吉太は、黒板に向かうと、大きな下手な字で「乱」と書いた。が、「ぼう」の字が思い出せない。何を思ったか、「乱」の字の下に縦棒を黒板の下まで引くなり、さっさと自分の席に帰ってしまった。それをみた吉田という教員は、「よしよしよく書けた」といってこうつけ加える。「皆さん、この縦棒は文字ではないが、吉太は文字以上の文字を書いたので先生は感心しました」と。吉田先生は、これまで見えなかった吉太の豪胆と俊敏とのひらめきを瞬時に見出し、同時に、これまで一度も見たこともない自分自身がちらっと見つかったような気がして何か分からないが得体の知れない熱いものが身体にこみ上げてきたように思われた。吉太はというと、何が何だか分からぬままにワクワクしていたが、これを契機に己の生き方を変え、大化けして行った。

『近代浪漫派文庫28　河井寛次郎・棟方志功』（新学社）より

人の心というのは、相手と自分とが同時に響き合う「同機性」を以て変わることが多く、そこには驚きや気づきや、発見が伴うのですが、河井氏は、「（六十年後の）今からすれば、先生が吉太であったのか、吉太が先生であったのか、それはどちらとも言へない。此二人は見かけは別でもある異名の同人であったのかもしれない。」と文章をしめくくっておられます。「授業」が「師弟同機」的に成立することが暗に示されています。

先に掲げた林竹二先生のお言葉を拝借して河井氏の感想に置き換えれば、こうなりましょうか。

――「吉田先生」は「自己の内部に動機をもつ授業を経験」したいと思い続け、「徹底的な自分のための教材研究」をし続けておられたことだろう。それが、「吉太」の機転に触発されて、「これまで見えなかった吉太の豪胆と俊敏とのひらめきを瞬時に見出し、同時に、これまで一度も見たこともない自分自身がちらっと見つかったような気がして何か分からないが得体の知れない熱いものが身体にこみ上げてきたように思われ」、「吉太はというと、何が何だか分からぬままにワクワクしていたが、これを契機に己の生き方を変え、大化けして行った」という「同機」事態に至ったのである。――と。

私は、当書で、授業は「心的過程」を意識して教材研究や授業をすべきことを提案しています。ここにうかがえる吉田先生の対応も「心的過程」の典型ととらえます。この場面で、吉田先生が何をどうしたか。とらえ直し《　》でくくってみると、

――《それ（吉太が「乱」の字の下に縦棒を黒板の下まで引くなり、さっさと自分の席に帰ってしまったこと）をみた》吉田という教員は、《「よしよしよく書けた」といってこうつけ加える。「皆さん、この縦棒は文字ではないが、吉太は文字以上の文字を書いたので先生は感心しました」と。》吉田先生は、《これまで見えなかった吉太の豪胆と俊敏とのひらめきを瞬時に見出し、》――たことになります。

吉田先生の心的過程を〈　〉で記すと、「これまで見えなかった吉太の豪胆と俊敏とのひらめきを瞬時に〈気づき〉、この縦棒は文字ではないが、吉太は文字以上の文字を書いたので先生は〈感心し〉、『よしよしよく書けた』と（吉太に）いって、『皆さん』と〈呼びかけ〉、『この縦棒は文字ではないが、吉太は文字以上の文字を書いたので先生は感心しました』と〈つけ加えた〉」と書かれています。

つまり、先生は、吉太のひらめきに〈気づき、感心し、〉吉太をほめ、そのわけを他の生徒に言い〈添え〉たのです。吉田先生は、名指しした後の吉太の一連の行為を「……帰ってしまった」ま

で（他ならぬ人の行為の流れとして）きちんと見ていたから、「縦棒」を見て、「吉太の豪胆と俊敏とのひらめき」を見出し、他の子どもたちへも「文字以上の文字」という〈配慮ある説明をしてこの場を一段高い学びの場に押し上げ〉ています。林先生が「一年で一度の授業」をと仰るご提案の一例だとも解釈し、私なりの国語の授業展開を具体化するうえでも大いに参考にさせていただきました。

2 私の心に残っている高校生のときに受けた授業

私の世代は、堺屋太一氏が命名された呼称のとおり、「団塊」の世代でした。統計資料によれば、昭和24年に生まれた子どもの数は約270万人なのだそうです。高校に入学した時の同級生は約650名。13学級あったから狭い一学級に50人前後で在籍しました。先生方も百人以上おられたのではないでしょうか。その中で、印象深く今なお、お声や話しぶりまで思い出せる先生が二方おられます。物理担当のM・K先生、数学担当のI・K先生のお二方です。

高校一学年終了時の保護者面談の折、学級担任から進学は難しいといわれたと母から聞かされました。鳴かず飛ばずで存在感のなかった私など、考査結果の数値だけでそう見定められたのでしょう。困惑を増加させられただけで何をどうすればよいのか見当もつかぬまま進級しました。

M・K先生の授業は小話からはじまりました。丸メガネをかけ、ときどきずりおちるのを指であげては明るいお声で語り始められます。いつも「オニイちゃんとボク」の話でした。「ボク」の失敗談のあとの「ほいでもオニイちゃんがそういうたんじゃけえ。」「ちがう！　ええか、オニイちゃんはいつもホントのことをいうとはかぎらんゾ。」とか、声色を変えては、大勢でむさ苦しい男ばかりの笑いをとりながら、「ほいじゃあ、こっちをむけ！」などとおっしゃって、本題のほうに誘導してゆかれました。

引き込まれてホッコリとしたあとの授業内容は正直いってよく解りませんでした。左利きで、つま先立てて伸び上がり、黒板に字を書いておられました。滑稽なお姿やお人柄がしのばれる乾いたお声を拝聴し、考査のたびに学級平均得点はいつも40点を切るにもかかわらず、授業中、机に伏す生徒などいなかったのを記憶しています。

とりわけ印象に残っているのは、定期テストのあと、90点以上得た生徒の名を黒板の左端に書かれたことなのですが、１０４点などという得点が書かれたりしているのには驚かされました。「センセ、その4点ちゅうのはどういうことですか」などと訊ねる者がいると、「ああ、こりゃあ答案の字がきれいじゃったからじゃ。とくに名前の字がきれぇかった」などと宣うのでした。それを聞いて笑いこそすれ、異議を唱える者などいませんでした。授業全般についてゆけず、努力空しく結果も出せなかった私にとって、よそよそしい学校に親しみを覚える唯一の時間でしたし、先生に認められ、あわよくば、名前をも黒板に書かれたいものだなどという邪な思いまで芽生えました。

既に済んだテストの問題の数値まで覚えきって、書店でどのような問題集から出題されているか探し出すことにしました。すると、何のことはなく、その物理の時間の副教材として購入していながら閲（けみ）したこともなかった学校指定問題集の数値が変更されて出題されているだけのことでした。

次の試験範囲を踏まえ、その問題集の全問について、模範解答のしかたを読んで理解しようとしました。試験問題の数字は変わっても、計算すれば、問題集の正解の答えに正比例する答えが出るわけだから、問題を解きつつ答え方の流れを自分で確認して憶えれば難なく解けることになります。つまり、理数系の問題は解法の過程を理解して臨めば、国語の文章読解と同様なのだと気づきました。願いは殊の外早くかない、いきなり黒板の二番手に名が書かれました。トップはT大に入ったA君。周囲の者にも驚かれ、何か大事なものを掴んだ実感がありました。難関も、相手に身を寄せ相手の陣地・心情を読み切れれば意のままに事が運んでいくとでもいえばよいのでしょうか。

数学Ⅲという科目も同様の対応をして、良好な結果が出ました。なまじ平均点が低い科目の得点が高ければ総合順位も一気に上がります。願ってもない追い抜きが思いもかけずかないました。

M・K先生の授業で教わったことの中に、「ユニット」もあります。単位、つまり、数値のあとについている加速度や重力を示すアルファベットの大文字小文字が示す意味の根本的な考え方に関することです。単位を捉えれば逆に問題への切り口が見つかるのです。これもおもしろくなりました。

数学のI・K先生は、張り子の虎のように首を前後左右によくふられ、白墨を黒板に押しつけて独特の字で数式を記されました。今でも、先生のその字面は再現できます。数学では、「前提条件」を無視して解くことはできないということを自前で発見しました。その頃、私は自分で納得できないことはのみ込めない面倒な頭をもつ人間だと自覚し、素っ気ない教科書を自力で解読し始めました。

たとえば、「微分」などという厄介な単元があるのですが、「微分」という字は、「微かに分ける」ことと書かれています。教科書には、円の図が描かれており、その中点から円の四分の一程の領域に自転車のホイールのような線が十数本引かれていたと記憶しています。なぜ、すべての線が引かれていないのか当座の私には解らなかったのですが、「微かに……」つまり、「あるかなきかのごとくに」「分ける」と考えてみると、その線自体が、有無をハッキリと示せないということになると解釈しました。

数学の世界は正確には描けない……ということも漠然と理解できました。教科書には、円を微小な扇形に分けていくということが車輪のスポークのような絵柄であえてぼかして描かれているけれど、この線は存在しない。イメージとすれば線を引いてもいいけれど、引いて細分化すればするほど消えていくのだというイメージでとらえると、数学的にはきっちりと正解の数値が出せても、物理的に完璧な絵を描くことはできないのだということもわかってきました。実はそれを踏まえて形象化すれば、数学の問題を解く時にあえて表象できるし、国語で出てくるとても大切な表現の秘密、つまり、見えない世界がもつ影の世界の存在と同様の大切な表現と通い合うことも漠然とながらつかめたような気がしました。ちょうど物理の方でも加速度など、微分や積分を学ぶ頃合いで、自分の頭のなかで、理数系の勘所のようなことが、この時機に一気に掴めたような気がしました。物理の問題も説明と数値を正確に覚え、具体的に表象化すると、イメージが次第に鮮明になって正解に至る流れがおぼろげに推定できることを知りました。抽象的に書かれた理数系の科目を本当に理解する上で、国語によることばの解明力が大きなイメージ喚起力につながることもわかってきました。

それまでの自分は、学習とは、先生方の説明を拝聴して解き方を身につけるという、私の一番苦手なことだと思い込んでおり、自分主体の認識に変えるというのは完全なパラダイム転換でした。

多感な時代にありながら、乾燥しきった自分の好奇心や向学心に火を点けてくださる人に出会えるというのはとても幸運なことです。とりわけ、私のように、常識的な見方や考え方から疎外されがちな天邪鬼や湿った薪のように燃えにくい少数派にとっては、とても有難い存在になります。

要するに、学びは「過程」全体に亘っており、理数系科目は一定条件の下でこそ完璧な答えが出せるということばかりであり、課題文から起ち上がる変数の型から課題領域と全体の筋道をたどりつつ、目の前の個々の係数計算に当たることなのだ……そのようなことを自分の頭の中でこねくり回しているうちに勉強というのは案外面白いものなのかもしれないと感じられるようになりました。

以上、60年ばかり昔のことを思い起こしながら気づかされた三つのことを記します。

一つ目。言葉を介して気持ちのやりとりをする人間であればこそ、感情の浮き沈みが激しい思春期をうまく乗り切るのは誰にとっても難題です。わたしの場合、担任の言葉で自尊心、つまり反発心が刺激され、覆い被さろうとするものを跳ね返そうとしたのが契機だったのだと思います。発達心理学者の昌子武司先生は、『やる気の心理学』(あすなろ書房)で、意識や理性ではなく、欲望や感情に直接はたらきかけなければやる気や本気などでてこないことを縷々説明しておられます。

二つ目。多数の者が学ぶ場面や試される機会に臨む場合、必ずたどり着ける正答があるはずです。少なくともチャレンジする全員が納得できるほどの難しさと正答の論拠が担保されています。

問いの中には条件が示されており、用いられている数値や図や記号や言葉が正答を潜かに暗示しています。その枠組みの中で筋道立てて考え、全体の流れと構図・構成を俯瞰できれば、先方のねらいや試したいことなどがしだいにわかるようになり、出題者の意図する答えが出せるはずです。

三つ目。国語以外の教科でも、個人として未知の課題や難題に遭遇したときには、漢字が意外と手がかりを与えてくれるということです。わたしは、「微分」の「微」を「なかりせば・かすかに」という訓読みに因って形象化の手がかりを得ました。漢字で書かれている専門用語は本質的な意味を踏まえて造語されているから、語源的なことも書かれているような辞書や字書を引きまくることをお奨めします。訓読みできれば具体的な倭語と化し自分寄りの形象化がとてもしやすくなります。

3 大学で教わった「文法」のご講義と言語過程説的考え方

高知で過ごした学生時代、三回生のときに受講した山崎良幸先生の講座は印象的でした。当時、先生は高知女子大学にご在職中で、非常勤講師として来学され「古典文法」を担当されました。山崎先生は京城帝大学生時代に言語過程説を立てられた時枝誠記博士から直接薫陶を受けられた方です。『山月記』の作者中島敦氏とは中学時代に厚い交友関係をもたれていた方でもあります。

先生から教わったことの第一はご講義の迫力でした。自説を壇上で語られる自信と確信に満ちたご講義は決して易しいものではなく、基本的には、「並べる・比べる・調べる」という三つの作業展開を板書と解説によって進められました。語り口調の力強さに気圧され、次の時間までの予習は暗黙のうちに余儀なくさせられ、手垢のついた往時のテキストには赤い傍線が四重にも引かれています。

もうひとつは、時枝博士の言語過程説のことです。時枝博士は、国語教育に関して『改稿　国語教育の方法』（有精堂）に拠り、言語過程説を基盤にした表現理解にかかる方法――《「技術」の錬磨に焦点をあてた国語教育》――の推進を中等教育の柱にすえようとされていた方だと理解してきました。

山崎先生のご講義で山田文法、橋本文法、時枝文法という文法研究の流れも教わりました。戦後、時枝博士は言語過程説の普及と応用、とりわけ国語教育に力を注がれますが、高校の教科書にその方法論が掲載されたことはなかったのではないでしょうか。私は、前掲書『改稿　国語教育の方法』を繰り返し読みました。不肖私の解釈は博士のお考えを逸脱しているかもしれませんが、幸運にも、愛弟子の立場でいらっしゃった山崎良幸先生のご講義を直に拝聴することができました。

山崎先生は、『日本語の文法機能に関する体系的研究』（風間書房）をはじめ、国語学や国文学に関する学術書を多数遺された方です。その文体は師匠である時枝博士の文体が乗り移ったような筆致になっています。山崎先生が教壇から発せられるお声やごく少ない板書、文字など、つい先頃撮った動画のように形象化できます。まさしく「心的過程」を以て促す講義をしてくださいました。

私ども教員にとって、現場の授業や講義のプロセスを追跡することはなかなか難しく、ビデオや写真で補われたり、それを筆で起こした記録も僅少です。斎藤喜博先生、西郷竹彦先生、林竹二先生をはじめ、雑誌に掲載された原稿から情況を辿って学ぶことは貴重な財産になります。学生時代に偶々山崎先生のご講義を拝聴でき、目の前で進むご講義の気迫に呑みこまれながらも毎回の講義が楽しみだったし、そのお姿を通して学ぶべきことも多々ありました。
学生時代に時枝博士の教育学者としてのお姿に思い及んだのは、ご著書『国語学への道』(三省堂/昭和31年初版)に記された文言の一節でした。京城大学を卒業したものの、時代の波を受けて不本意な或いは不便な勤務地に赴く学生たちに、時枝博士が餞として贈られた言葉の一部分です。

「諸君は、今、諸君が大学で考へてゐたやうな研究を、或は継続することが出来なくなるかもしれないやうな不便な、そしてまた、文化の低い環境に赴任しようとしてゐる。諸君は、或は悲観的な、そして半ば絶望的な気持ちに駆られてゐるかも知れない。しかし、諸君は、学問の対象が、諸君の環境そのものの中に、また諸君の職務それ自体の中に、見出せるといふこと、また見出すべきであるといふことを、堅く信じなければいけない。そして、常に朗かに研究を続けていつていただきたい。」

「しかし、諸君は、学問の対象が、諸君の環境そのものの中に、また諸君の職務それ自体の中に、見出せるといふこと、また見出すべきであるといふことを、堅く信じなければいけない。」という研究対象の設定は、私にとってとても大きな励みになりました。ふりかえってみると、私が実際に配属され、選ぶべき最適な生き方は、すでにそこに啓示されていたかのようにさえ受けとれます。
私の赴任した学校は、ほとんどが地域の学校設立組合の要請に創立基盤をおいていました。だからこそ、時枝博士のお言葉には、「なるほど」と、納得できるところが多々あります。また、この理念を心中に抱えて職務に専念すれば、必ず一定のゆるぎない成果が出せることも現場で確信しました。「学問研究」などというと、都会にあって最先端の情報を入手し、聡明な研究仲間と議論や実験、実習を重ねつつ推し進めることと合点していたけれど、教育に関しては、現場にあって、その地域の課題を現地の方々と協働で研究推進するべきものなのだと認識し直してきました。

さて、時枝博士の教育に関するご提言について、私が『改稿　国語教育の方法』を再度読み返したのは、定年退職後に非常勤講師として出講し始めて後のことになります。同書には、「国語教育の目標」としてこう書かれています。現在、入手が難しいと思われるので、要所を抜き書きすると、

「国語教育の目標は、本質的には学校以前と学校教育とでは変わりがないといふことが出来る。」

「国語教育の目標を、児童生徒の『話す』『聞く』『書く』『読む』の言語的実践活動の完成といふことに置いた。従って国語教育の教育内容は、そのやうな実践活動を遂行することが出来る能力自体であり、国語教育は、そのやうな能力を育成することである。」

「言語過程説に従へば、言語は話手、書手の表現活動（表現行為）そのものであり、また聞手、読手の理解活動（理解行為）そのものである。言語は、話手書手が、自己の思想感情を、音声または文字を媒材として外部に表出する過程として成立し、または、聞手読手が、媒材である音声または文字を媒介として、表現者の思想感情を理解する過程として成立する。これが、言語過程説の基本的な考へ方である。」

と「言語」をとらえ、

「教育内容」は、「教材を読み解かうとする理解活動とその能力」であり、「教師」は、「この教材を読解する能力を〈かた（技術方法）〉として指導し与へるのである」

とも記されます。以上のことに拠り「言語成立の条件」として次の三つを弁別しておられます。

一、言語主体……言語におけるすべての事実は、言語主体（話手・書手・聞手・読手）の問題（実践的活動）に帰着させて考へることが出来る。

二、場面……話手の言語行為が打出される環境あるいは状況であって、その中心は聞手であり、話しの当の相手である。場面が、言語の成立条件として重要なのは、それが表現を制約するからである。例へば、生徒が教室で教師に向って何かを答へたとすれば、「聞手を中心として、教師を含めた教室全体」である。言語は、いつも聞手を予想し、その場面にふさわしい表現を工夫しようとするので、言語主体の表現行為および理解行為を制約する。

三、素材……話手・書手によって、表現を通して語られ、伝達される事物事柄である。言語は、常に必ず「何」かについて語るので、その語られる「何」が即ち素材である。素材は、その意味を表現することによって、「関接」にそのものを表現するのである。その素材の意味づけをどう把握するかは、表現主体のその時の立場において異なる。

言語の事象を人間的事実と関連づけて把握するには、言語の成立条件への考慮は欠かせない。表現者は、常に聞手あるいは読手である相手の理解を予想し、期待して表現し、理解者はまた、話手あるいは書手の表現行為を前提として理解行為が成立するのである。理解を予想しない表現、または、表現を前提としない理解というものは考へられない。この表現より理解への流れといふもの（※松金はこの「流れ」を「心的過程」と解釈しています）が、言語における最も具体的な事実である。これを伝達あるいはコミュニケーションといふのである。

言語における表現は、一般には相手の理解を期待すると同時に、更にそれを契機（手段）として、相手が表現者の要求するやうな行動に出たり、思想を獲得することを期待するのである。表現が、このやうな機能を発揮するためには、何よりも先づ、これらの表現が、相手によって正しく理解されること、即ち伝達が成立することが、最低の条件として要求されるのである。

以上が、言語過程説を基盤にした国語教育を考える際の要諦となることだと考えられます。今日、時枝博士のおっしゃる基本的理論を教育現場で整理整頓してみると、言語の本質のみならず、言語教育についても、今なお通じる大きな示唆を与えておられたことに気づかされます。『現代国語教育論集成　時枝誠記』（浜本純逸編／明治図書）載録の時枝論文にはこう書かれています。「文学は、言語にプラス或ものではなく、言語の展開して行く姿、もっと厳密に云ふならば、心が言語に表現されて行く姿において把握さるべきものであらう。川の流れには、淀もあり、渓流もあり、運河のやうなものもある。常にそれは川であるが、文学はこの川の流れの一つの姿である。」

と。

例えば、「ふきだまり」……「生活の脱落者が身を寄せる所やどんづまりの意にも用いられる」と、比喩的に解釈して意味づけするのが一般的だと辞書には書かれています。本来、「風に吹かれた雪・落ち葉などが一か所にたまった所」ということを示しています。私の場合経験的に「ふきだまり」をこう捉えて用います。

学校の自転車置き場などは、掃除の手が届きにくい場所です。敷地にコンクリートで打ち固めて枠を切ると、置き場と地面にわずかな高低差ができ、晩秋から半年も経過すると、そこにゴミも枯れ葉も溜まり、草も生えて土がとても軟らかくなっています。吹き溜まった落ち葉は天然の苗場造りを支え、春先には野生の菫や雑草に小さな花を咲かせます。心遣い一つで意味が俄に変わります。「吹き溜まり」だからこそ多様な存在が集まり留まり混じり合って地中の微生物に分解され、お互いの良さを補い支え合って、地上に見事な花を咲かせていると意味づけるなら、「どんづまり」などふっとびます。言語過程説は、情況を把握する表現主体の意識の仕方に拠ることを原則としています。従って、固定した解釈の見直しや言葉の自力新解釈にも気づかせてくれます。

結果ではなく、時間の経過や過程に応じて変化していく何かを筆者や作者がどう表現しているかということが何より重要だと考えます。授業のあり方も心的過程を重んじる切り口で再考してみることにより多様な解釈やより精確な解釈、授業の活性化をもたらすに違いないと感じます。

近世江戸時代の国語研究が、「和歌の制作と解釈のためであった」と富士谷成章が『脚結抄』で述べているそうで、私も「国語」の目ざすべきところを「表現教育」に合わせて授業を展開しようとしてきました。「文学」に限らず、「心が言語に表現されて行く姿において把握さるべき川の流れのように」という言語過程説の基本的な考え方に通じるような文章の読解・表現の授業展開をめざしてきました。

国語教育の場合、「外界を認識する知識教科とは異なり」、技能教科に近く、授業研究対象万事が「心的過程」だということに由来します。「読み書き聞き話す」というのは言語行為であり、言葉は、絶えず時間軸上で展開し続けながら心の中で形象化したり、即座に言語に代わる行動で反応したりしているわけですから、国語を知識教科として扱う方向性は元より的外れなはずなのです。

実際に教育現場で日々の国語授業を展開すると、国語教育に関わること全般が言葉を仲立ちにして、つまり、文章の流れや問答の「心的過程」に介在する言葉や文や表現を比較したり、分析したり、協議したり、吟味・点検したりすることでやっと具体的な言葉や文や文法の機能がどう果たされているかが如実に認識され、自分たちの表現に活かせる学びも成立すると考えられるのです。

例えば、「待遇表現」という言葉は、一般に「敬語」と言われています。言葉そのものに「敬意」など付随しないことを示す言い方です。特定の場面や背景で人が出会って突発的に生じる人間関係を臨機応変に掌握し、《自分の立場から言動の受容主体に最適な言動で待遇しようとする一連の心的過程全般のあり方》を総じて「待遇表現」と称します。この言い方こそ語法的には精確な捉え方だと考えられます。

言葉を介した本来の学びは、この「待遇表現法」で確認されるように、相手をどう待遇していくかという「心的過程」で生じる臨機応変の理解・表現法として履修されるべきだとは考えられないでしょうか。国語では生きて機能する言葉をこそ学究の対象とすべきだと共感する所以です。

言語表現は即ちいかなる場合でも待遇表現であり、変化し続ける場面で行われる言語活動を吟味したり修正したり、反復したりしながら、自分の伝達及びコミュニケーション技術として馴化し、長期記憶にとどめおき、時宜を得て、醸しながら、更に豊かな表現技術を磨いていくことなのだと考えられます。

文章「表現」はさらに「虚構」に発展させると言葉の機能性がもっと向上し拡張されるはずです。例えば「常識」や「ことわざ」などは、日常生活を送るうえで恥をかかず、かかせないための知恵の言葉群です。これらは「知識」として受けとめ、考査などで確認できたら終わるものではありませんん。しかしながら、このような知恵の言葉も非日常化し、使わなくなれば次第に化石化し、◯×の対象になってしまいます。

日本語には、和歌の技巧からでもうかがえるように、表面上の意味と本音を伝える裏の意味を併せもつ表現が少なくありません。ご案内の通り、二つの意味を踏まえた上、本歌取りをして和歌を詠む歌人さえいます。すべて主体が、その場で臨機応変の心的過程を経て当意即妙に歌を詠み、相手がそれを解して応ずるからこそ、二重、三重の深い意味を読みとることができます。こうした心的過程を理解してこそ真の味わいを深くくみ取れる構造が日本語には古来存在しています。

大切なことは、日々耳や目を通して気に染まない「違和感」に敏感であること。敏感であるには、言語の表現・理解を「心的過程」として再認識し、身構え、確かめることでしょう。会話や文章を読解・表現するときに、背景となっている場面や情況をどれほど客観的に思い描けているかが「気づき」の大前提です。文芸作品は物語の筋に破綻をきたさないために言葉が綿密に練られています。「国語」で文章読解を学ぶ意味はその綿密さを前後の文脈と照らし合わせて筆者の心的過程を分析し、表現する際に活かせる技術能力を習得するところにあるのでしょう。全体と部分が響き合っているからこそ、読み手の感性に訴える表現になります。だから、国語教室で読む文芸作品は、最後まで気を抜かないで一気に読み切るという共通認識がいります。こうしたことは、「経験」的に蓄積されるわけで、一編の感動的作品だけで担えることではありません。ワクワクするような作品を第一文から最後までゆっくり《読み切る》という鍛錬と雑多な記事の読解の量が欠かせません。

ところが、生徒たちの現実態を窺うと、タブレットなどを介して理解と表現が行われる度合いが増えそうで、簡潔、高速、利便性、可視性、嗜好性、規則性を包含する機能に圧倒されているようです。これまで行われてきた学校の教育環境や実態とは逆の価値観や方向性に圧されています。

脳科学者の酒井邦嘉氏は「脳は紙の本で鍛えられる」と題し、10年前に月刊誌『致知』で次のように述べておられます。考えさせられる貴重なご提言です。要点のみ抜き出しつないで記します。

「動物の中で人間だけが持ち合わせているもの、それが言語です。」「文字のように情報量が少なければ、当然足らない部分を想像力で補う必要が生じてきます。」「活字を読むことは、単に視覚的に脳にそれを入力するだけでなく、能動的に足りない情報を想像力で補い、曖昧な部分を解決しながら『自分の言葉』に置きかえるプロセスなのです。」「出力の場合は、入力とは反対に、情報量が多いほど物事を想像して補うことになります。」「つまり、メールより会話のほうが脳の働きを促すことになります。このように考えていくと、『適度に少ない情報の入力』『豊富な情報の出力』の両方が必要だとわかります。要は充分な読書と会話を楽しむことであり、これこそ最も人間的な言語の使い方だと言えるのです。」として、「脳は、『複雑を好む』『繰り返しによって鍛えられる』『流れをつくることを好む』」という脳の特性を三つあげられ、「脳科学の視点で考えても、発達期にある子供たちの教育はある程度情報が制限された中で行うべきです。」と。

4 「状況認識」について――大河原忠蔵先生の方法（主に梗概筆記録）

１９７０年刊『状況認識の文学教育入門』（明治図書）他のご著書２冊を拝読し、指導を受けられた方々の作品を拝読して、状況認識力育成の手立てと成果に感服しました。次は大河原先生の文章から本文を引用しつつ接続したものです。梗概化した上で、ご案内させていただきます。

《文学教育において、作品というのは、喩えて言えば、状況がよく見えるようになる薬であり、教師は個々の生徒に応じて調合し、効くようにのませればよい。その薬の効きめは、生徒の状況認識能力で確認される。「状況認識」を育てるねらいは、凡て、生徒自身が、自分をとりまく外部の状況とそれに対応する内面的状況を、文学の次元で、ダイナミックに認識できる能力を育てるところにある。その中心的な素材は文学作品であり、その作品に書かれている「言葉による状況のとらえ方」を、生徒にのりうつらせるという扱い方で、積極的に、とりあげる。作品から読みとるものは、状況である。状況が、どうとらえられているか、それを読みとるのである。

状況認識の文学教育は、生徒に、現代の状況を、文学の次元で、するどくとらえさせることが欠かせない。生徒が自己の意味づけのなかで、ある存在をとらえたとき、その存在は状況になる。別に言えば、文学作品の中に書かれているような状況の捉え方で、状況をとらえるということである。

指導のポイントは、そういう作品の中にある状況のとらえ方に目を向け、それを明確に取りだし、生徒自身の内部に生かしていくように配慮するところにある。作品の中のそういう言葉は、読み手の頭の中に入ると、読み手のことばの組み立て方につよい影響力を持つ。読み手が、自分をとりまく状況を見るとき、どこを見たらいいのか、どういう角度で見たらいいのか、あるいは、きりこんだらいいのか、また、それらを、どういうことばでとらえたらいいのかを、すばやく教えてくれる。

指導過程として、第一に考えているべきことは、作品に書かれている状況認識をとりだし、それをどういうふうにすぐれているかを、あきらかにすることである。

たとえば、『夜明け前』の冒頭文。「木曽路はすべて山の中である。」という表現。「山の中にある」では状況は出てこない。「山の中である。」と断定の助動詞を用いることによって、「木曽路は、どこを歩いても、どこまで歩いても」という状況を表すことになる。こういう表現をとりだして、生徒に考えさせていく。この表現をとりあげ、「この文章の中で、木曽路はどういうふうにとらえられているのだろうか。」、「〈にある。〉と〈である。〉とではどうちがうだろうか。」とたずね、考えさせていく。状況がするどく書けているところは、主体が文体それ自体に潜り込んでいるところだから、視界が一挙にひろがるような感じになる。

文学作品の中で、状況がとくにするどく描かれている所を、状況地点と呼ぶならば、その状況地点の掘り起こしは、文学教材を分析する際の中心的課題である。

どうしたら生徒の状況認識能力を高められるか。何を教材にし、何を生徒に話せばよいのか。

まず考えられることは、生徒が状況に気づくようにしむけることである。生徒は、現代という巨視的状況にとりまかれ、日常的に多様な状況と関わりをもって生活し、うごめいている。そういう状況に気づかせること、これが先決問題である。「状況を発見させる」ことといってもいい。そのためには、刺激を与えることである。なるほどそんな見方もあったのかと、びっくりさせることである。

「うれしかった」「さびしかった」だけでは、状況にならない。そういう気持ちや感情が、ある対象と結びつき、もしくは、その対象をくぐりぬけ、対象のもつ表情といっしょに外へ出てきたときに状況が生まれる。詳しく書いても、思った通りに書いても状況には気づけない。喩えて言えば、状況をえぐり出せるめがねをかけることだ。例えば、安部公房の『けものたちは故郷をめざす』では、捕虜になった日本人久三が高という満州人と共に脱走する途中、広野の真ん中で病気になった高の指を切る場面が出てくる。ずいぶんどぎつい文章なのだが、読み手はその状況描写に惹きつけられてしまう。

この文章を分析していくと、主人公が、絶えず、自分はこれからどうしたらいいかと考えながら行動している状態が、そっくりそのまま、文体のなかにとりこまれていることがわかる。「これか

らどうしようか」と自問し、「ならばこうしよう」と自答するという形式になっている。》

5 三カ年間継続担当した「国語」の授業で採り上げておきたかったこと

1　漢字熟語の五つの構成方法を体系的に紹介し、多数の事例で確かめること。→漢字の創作。
2　漢字熟語は、習熟段階に合わせ、必ず一字ずつの訓に置き換え、形象化を怠らないこと。
3　小説はスローリーディングすること。朗読は一字一字をだれにも聞こえるように読むこと。
4　小説は第一文の文言から丁寧に読み、登場人物を整理し状況イメージを作りあげること。
5　小説には、伏線がある。事件の発生と筆者の視点と小説の進行とを併行させて読み進める。
6　小説の会話部の表現について、ときどき、実際に発声しながら読み進めてみること。
7　読む時は、ゆっくりと一語一語のもつ意味合いを思い巡らしつつイメージを膨らませること。
8　形象化が難しい表現に出合ったら、生徒がためらわず質問できる授業進行であること。
9　「文言の言い換え」「わけ辿り」「こと較べ」が身につくような投げかけや質問を用意すること。
10　文章読解が苦手な生徒には、対談形式やインタビュー作品を読ませてみること。
11　ものごとを見るとき、光の当たる部分と影の部分を心中で照合しながら思い巡らすこと。
12　何かが関係し合っている動的状況を見るとき、「前→事件→後」のプロセスを見逃さない。
13　読解の主体である「相手」になりきり、当事者意識をもって状況把握と文章表現に臨むこと。
14　相手の目や顔を見て挨拶ができること、話ができること。復唱・確認ができること。

15 耳を澄まし、相手の言いたいこととその言い方に留意しながら聴くこと。
16 今、目の前で起こっていることに、たえず興味関心を抱いて視る習慣を身につけさせること。
17 他者を軽んじないで、その言葉や思いに共感し、内容と事情を深く汲みとれること。
18 相手の可能性に気づき、そのよさを伸ばせるような言葉かけができること。
19 「事実」は「今・ここ」で瞬時に変容し続け、当事者感覚で捉えたことに限られると認識する。
20 抽象的で概念的な「言葉」については自分の持ち前の言葉で「定義」し「具体化」する。
21 「吟味」する過程を経ない耳慣れぬ「言葉」は、軽々しく議論の場で使用しないこと。
22 間違いを率直に修正できること。自分で自分の間違いを修正できることを楽しむこと。
23 相手と意見や見解が対立しても相手と話し合う場を設け、避けたり逃げたりしないこと。
24 相手に向かって「教えてもらえることはありますか？」と近づいていくこと、いけること。
25 理解してほしければひらがな言葉、公に向かって投げかけるには漢字言葉を多くすること。
26 その場や環境に合わせて発声の速度や大小を定め、発話のキモをよどみなく伝えきること。
27 他者の命に関わるような言葉遣いはどのような場面であっても用いてはならないということ。
28 手本になる人物に近づけるようその人物の言動に意識的関心をもたせ模倣させてみること。
29 訊ね方、教わり方が上達するよう、訊ね方の作法を自分で考案させ実践させてみること。
30 身体を鍛え、筋力を鍛えて、大勢の前でも自分の間合いで話せる声と体勢を作り出すこと。
31 縦書きの文言は、行の上の並び具合（段落他）を意識して読み、書き記すこと。
32 縦書きで一文が三行以上に及ぶ場合、ふたつ以上のより短い文にまとめ直すこと。

33　「ことわざ」を素材にして、切り口を変えながら小さな論説文を何度も書かせてみること。
34　「起承転結」「始め・中・終わり」という形式（構成）を意識した小さな評論文が書けること。
35　授業中に、どの生徒にも書けるような興味をそそる「作文題」を10種くらい構えておくこと。
36　響き合う言葉というのがある。他人を思いやる言動を心がけ相手の響きを呼び起こすこと。
37　ありきたりで平凡な言葉が、とても大きな広がりを持っていることに気づかせること。
38　言葉にできないことが、その言葉の周辺にあることを意識して読み、聴くようにすること。
39　独自性が出せるよう、自分の身体と言葉と手と筆を連動させながら確かめさせること。
40　自分で好きな本を年間50冊以上探し出し、内容を紹介できるようにまとめられること。
41　誤解を起こさせず、すべての受講者にわかるよう丁寧な説明を心がけること。
42　相手のことを事前によく知り、相手の目や耳を引き寄せるしかけや話を用意させること。
43　「起承承承転結」の形の小さな物語や虚構作品を三年間に一度は書きあげさせてみること。
44　自分好みのキャラクターを創り、自分のアバターとして意識的に動かさせてみること。
45　教材や「○○通信」のなかに、現代社会の抱えている問題をおりおり含ませておくこと。
46　10種類の尊敬語と謙譲語及び三つの丁寧語の相手を意識し、対応した言い方を選べること。
47　ひとつの言いたいことを含む自分の気づきを三分間程度にまとめてスピーチが行えること。
48　物怖じせぬよう、疚しいこと（見栄・ええ格好・欲望・嘘）を心から排除させること。
49　自分にとって好ましい情報は実行できるよう自分に合わせてアレンジをさせてみること。
50　聞き手が「へえ」とか「ホウ」と感心するような小話や気づきを盛り込んだ話ができること。

51 この世で活躍したり、大きな実績を残した人々の言動に学び、応用・活用させてみること。
52 心の底からうごめき、憧れるに足る何かを学年の終わりまでに一つだけは探さしめること。
53 何事であれ、時間のゆとりをもち、準備を整えて段取り、一時一事で取り組ませること。
54 他愛ないことでも最後の結果が出るまであきらめず工夫して継続できるよう心がけること。
55 自分に使いこなせる「長期記憶の基本台帳」を書きつけ、使える言葉を増やし続けること。
56 言葉を話せる人の一生は感情と感動と感激と感性といったものと共にあるのを忘れぬこと。
57 人として生まれ得たこと以上の幸運はないと信じ、他者の喜びにもこの世で寄与できること。
58 忖度は、自分より困窮している人にむけるべき心遣い。当事者意識を忘れないこと。
59 生きているからこそできることや夢や希望があるなら、ためらわず一歩前に踏み出すこと。
60 思いがけない巡り合わせは誰の傍でも起こっている。気づいて活かせるように認識すること。

第四章　「国語」表現の授業づくりの礎とした考え方

私の試みた国語表現授業の事例は、第五章、第六章に記すとおりです。基本的には「虚構」を基盤にして実践しました。とは申せ、類似したことはすでにどこかでどなたかが試みてこられたことではなかろうかとも想像します。地方で暮らし、本を読み、先人の書かれた文言からこれはと思って深く心に残ったことに、他のアイデアや私の思いつきを絡めて温め、醸し、現場で接する生徒たちのことを思い巡らした上で試みた実践にすぎないと自覚しています。自分の目ざす方向に沿って大きな手づるを与えて下さった方々のお考えやお言葉に深く感謝しつつ記述を進めて参ります。

例えば、大村はま先生のお言葉のうち幾度も蘇るのは、『大村はまの日本語教室　日本語を育てる』（風濤社）に記された「ひびき」についてのご提言です。「ひとのことばの響きの中にその人の心を感じとる。……そういうことのできる人が、人との深い交わりを築いていけるのだと思います。そして、それこそ、しあわせのもとです。」とあります。こうしたお言葉は私の中の長期記憶の中で何度も復活してきます。そして、「ひびき」を聴きとるまでが理解表現過程であるという私の言葉に変貌します。

この章では、70年代初頭に教職に就いた私が、国語と高校教育についての考え方と方向性を定める上で刮目し、指針とさせていただいたことやお考えについてご紹介させていただきます。

1 森有正氏の「経験と定義」についてのとらえ方から学んだこと

厳密な思考を構成するには、「定義」して言葉を用いること。自ら下したその定義は、本人の「経験」に裏打ちされたものでないと意味をなさず、論理構成も破綻をきたすことになると述べておられます。森氏のお考えに倣い率直に自分の思考を整理して授業を組み立ててみようと思いました。

『生きることと考えること』（森有正／講談社新書）から要点を引用させていただきます。森有正氏は、「体験」と「経験」とを厳密に弁別して次のように定義しておられます。ここが最重要点でした。

ある人の経験の中にある一部分が、特に貴重なものとして固定し、その後の、その人総ての行動を支配するようになってくる。すなわち経験の中のあるものが過去的なものになったままで、現在に働きかけてくる。そのようなとき、私はそれを『体験』というのです。それに対して、経験の内容が、絶えず新しいものによってこわされて、新しいものとして成立し直していくのが『経験』です。

経験ということは、根本的に、未来へ向かって人間の存在が動いていく。一方、体験ということは、経験が、過去のある一つの時点に凝固したようになってしまうことです。

ほんとうの経験とは、不断に新しい一面を表してくるものなのです。「経験」が未来、あるいは将来へ向かって開かれていく、というのは、まったく新しいものを絶えず受け入れる用意ができているということです。もちろん、これは「経験」に対する私の用語法です。

勿論、体験は経験に変わり得ます。どんな経験でも体験になる傾向をもっており、どんな体験も経験に向けることができます。要は、一つの経験を通してわれわれがどういうふうに行為するかによって決まってきます。凝固させれば体験、新たな可能性に向かって開かれていけば経験と私は名づけます。迷信などは、体験的例示の最たるものといえるでしょう。

私の考えでは、困難でも経験主義の考えに立った生活をしていかなければいけないのです。私はよく「経験の成熟」ということをいいます。それは、いちいち他人に寄りかからないで、自分自身の足で立つ道です。経験を成熟させるには、一つの態度が、自分の中の主な関心、主な生活上の態度というものをある究極の点に至るまで追求して、そのやり方をやたらに変えたりなどしないことが大事だと思います。平凡に見えても、自分がいままで心をこめてきたことをさらに続けて、それを深める。そうすれば経験は自ずから成熟していきます。経験の成熟は自分で悟るより他にありません。経験こそは、自分だけがその責任をもてる、他人にはどうすることもできない厳しい世界です。

私が「経験」という名を与えたような人間の存在の仕方、私はそれだけが人間が人間になる条件、あるいは「定義」だと思うのです。それは、道徳、仕事、学問、認識、世の中で生きていくという問題などすべてに対して働いてきます。

経験は経験として生きている間は絶えず変貌する。日本の文明の進歩には、外的・偶然的な要因による変化はあったけれども変貌がなかった。体験だけで経験がなく変化があって変貌がなかった。

フランスの教育には、非常にはっきりとした基礎があります。知識を教え込むことはもちろんあるけれども、同時に一つの知識を自分が働かせて、それについての自分の判断をつくる——具体的には、それを作文にして発表するということがあるのです。つまり、ものを覚えるということと自分が心に思っているものを表に出すということが同じ重さで行われている。試験は、知識のコントロールと発表能力のコントロールとの両方に厳しく分かれていて、その二つが同じ重さで行われている。このことがフランスの教育制度のいちばん根本的な点だろうと思います。

私はやはり、どんな知識でも自分が生きて経験していることと関連がない知識というのはつまらないと思うのです。人間にとっては、「よく生きる」ということは「よく考えること」、「よく考えること」は「よく生きること」で、この二つは離すことができない。私はそう思うのです。

私の考えでは、ことばというものが考えることと生きることとを結びつけることをやめて、すなわち正しい表現能力を失って、一人歩きを始めて、そのことばのやりとりだけでもってすべての人が問題をすませてしまう。つまり、ほんとうの現実とことばとが、かみあっていない。生きていない、考えていない。それでいてしかも、生きているかのような、考えているかのような状態が出てくる。この状態は、いまいちばん大きな日本の欠陥ではないかと思います。

日本では、知識とか認識というものが、書物の中に求められてきた。つまり書物によって知識とか認識というものが与えられるという先入観があります。今では、書物ではなくて、大量のインフォメーションがこれに代わっているわけですが、私は、本質は同じだと思います。〇〇がこういった、●●ではこうだという引用でことばに権威の付与を行い、実証的な検討――物事を自分で確かめるということのかわりをさせていると思うのです。それを防ぐ唯一の道は、批判的精神です。はたして実体がどうかということを確かめてみる批判的精神――それが欠けており、過去にも乏しかったのです。

実は、日本語ということばそのものが批判的でない、批判をいれないようなことばなのです。敬語表現もそう。婉曲表現、曖昧表現、文末の疑問言い添え表現など、自分の判断を差し控える形が、言語構造そのものの中に多すぎる。そのために客観的な認識というものが発達しないのです。主語の省略もそうです。あいまいさは絶対に省かねばなりません。自分という個が成立するということが、総ての中心にならなければ、少なくとも欧米風の文化を正しく受け入れることはできないし、思想に対しても批判的になりません。

私が「経験」という考えを明確にしたのは、昭和41年でした。私たちが客観的現実だと思っているのが、そうではなくて、私の体験にほかならないのだということがわかってきたわけです。私の経験、私のことば、私の感覚を基にしてできあがった思想や考えは「自分」の存在なくしてありえない。「経験」がある場合には、経験する自分の主体と、経験されるものがある。この「もの」というのは、私がそれに向かって自分の注意を集中し、それを自分なりに固有化しようとしている、その当体をいいます。もちろん、「〜すること」もその持続性・継続性総てを含めてものがたえず一緒にできていくわけで、そのものができていく過程が、現実として「経験」になるのです。

自分の感覚、理性、意思を働かせ、自分の考えを築き、「経験」として所与のものをくみ上げていく。多様な人々やすぐれた技術や文化にふれながら一人一人の人が、大なり小なり、自分が中心となる世界を築き上げることが大事です。そのためには、まず自分の「経験」を自覚的に確立しなければいけないのではないか。フランスでは、どんな一職工でも女中さんでも自分を軽蔑させません。自分の経験というもので、しっかり生きております。

（日本の若者たちに）若さがないといわれるとしたら、それはどういうことか。私はできあがったものの使い方ばかり気にして、自分が生きるということをしない、ということではないかと思います。日本の大人というのは、できあがったものの使い方をよくしっているということですから。根本に権威というものがなくなった。真に抵抗するものがなくなった。ほんとうの権威というものはなくてはならないのです。それがなければ、すべてのものが権威になってしまいます。

以上。長い引用になるので、つづめて要件を引用させていただきました。人間が言葉を用いて虚構世界を現実化し今日の文化や文明を築き上げたことを思い巡らすと、「経験」を巡るものの見方や考え方はまずもって明確にしておかなくてはならないことでしょう。見えない思想や思考や倫理や言語など人文科学的な考察を自分の身近な暮らしとか、教育とか、学習といった日常的な人間関係におし広げるとき、引用した森氏のお考えの中核にあたることがらは、ぜひとも考察の前提にして実践を目論むべきだと考えています。授業論の根幹に置かれてしかるべき概念規定です。

何よりも優先すべきことは感覚の活性化であり、自分という存在への確信であり、他者への思いやりなのでしょう。基本的に日常の諸活動は、自分が当事者として主体的に行動しなければ、人間としての真の「経験」に基づく教育、就中、母国語の具体的な指導は揺らぎ続けてしまいかねません。

自分の「授業」は、自分の「経験」に基づいて構成し直し、修正を重ねながら整理し、批判や吟味に耐えうるものに仕上げるべきだという考え方を基盤にすえる上で、欠かせないお考えでした。

2 雑誌『ひと』をめぐる方々との出会い

(1) 遠山啓先生の「観」についてのご見解を取り込む

1973年4月。前述の通り、私は山口県長門市仙崎にある山口県立水産高等学校に着任しました。仙崎は、童謡詩人金子みすゞさん生誕の地です。漁業の町であり、校舎は日本海に臨み、道路ひとつはさんだ防波堤の向こうには深緑色の海が間近にひろがっていました。

着任後間もない頃、読書好きな先輩教員から近くの書店を紹介されました。その木村聖文堂さんが奨めてくださったのは当時創刊されたばかりの雑誌『ひと』（太郎次郎社）でした。同誌には、首都圏を中心に起こっていた教育や学校を巡る最新の状況が、かなり内容の濃い筆致で報告されており、刺激を受けました。また、小中学校の現場の先生方が記されたリアルな授業実践記録は、国語教育の実践的進め方を熟知していなかった私には大いに役立ちました。また、同誌の主幹遠山啓先生連載の教育随想は、教員として進むべき道を照らす灯となり私の足元の先々を指示しました。

数学者の遠山啓先生は、同誌や同社発行のご著書の中で、「観」をもって日々の教育活動にあたり、子どもたちに「観」を培うことの重要性をくりかえし説いておられました。「観」とは、一般的にいうと、「めあて・見通し・物の見方や考え方」という言葉に置き換わります。

教師が教室で生徒たちに向きあうときに、明確な目当てや目安もなしに始めることはできません。目先の目標はいうまでもなく、もっと広く、遠く、深く、永くゆらぐことのない全体を見渡せるものの見方や考え方もなく、ゴールや全体が見えない授業をしてしまうと、授業は迷走を繰り返し、修正がきかなくなります。そもそも「修正」すべき前置きなくして「修正」は不可能です。非力であろうとも、一年ごとに、当年度の全体的な構想を思い描いて明確にし、用紙一枚でもよいから具体的に起承転結の整った「授業観」を記し、年間授業計画を起こす気概はもつべきなのでしょう。とくに、国語担当者の場合、それが明確になっていないと、教材の取捨選択ができなくなるし、構想も途中で瓦解してしまいかねません。年度初めに教科書を預かったら、まず最後まで丁寧に読み通すこと。そうして、教科書編集者たちの編集意図と子どもたちの力量を思い巡らしながら、「めあて」および授業をするときの力点と支点となる「めやす」などを一～二行でよいからまとめておくこと。さらにその基盤になる自分の「観」と照合してみて矛盾をきたさないか点検しておく必要があります。いきあたりばったりの国語の授業構想では、堂々巡りの指導にとどまってしまいかねません。

時代は、どんどん変容するから、学び方もたえず学び直し、その年度ごとの生徒との関わり方をも模索しなければなりません。自信をもって、物や人や事に「反応し」、響き合える自分であるためには、たえず自分の「観」を見直し、吟味を疎かにはできません。

「水道方式」という手だてを数学の授業展開に持ちこまれた遠山啓先生は、「観」について、永い間真摯に向き合い、考究し続けられた方です。『競争原理を超えて』（太郎次郎社）で、「観」について述べておられることを採り上げ、まとめさせていただきました。

人間はひとりひとりがみなちがっている。顔形がちがうように心の働き方もちがっており、発達のしかたもみなちがっている。宇宙のなかで人間ほど複雑で底知れぬものはない。人間というものの底知れなさ、測りがたさに畏れの感情を失ったとき、その瞬間から教育は退廃と堕落への道を歩みはじめる。人間が生まれつきもっている強烈な好奇心もしくは、探求心こそが進化の原動力だ。だから、この好奇心もしくは探求心が全面的に発動する条件をつくってやりさえすれば、人間は、とくに子どもはやるなといっても自発的に考え行動するものである。

「すべての子どもを賢くて丈夫な人間に育てる。それが学校本来の目的だ」と私は考えている。自分を愛し生かすためには、一生涯の目標をできるだけ早く発見させることだ。

これが遠山先生の人間を中心においた教育に対するお考えだと思います。そうして、

雑多に詰め込まれている知識や技術を総合し、統一してもっとハイレベルな観点から見下ろせるよう高みに及ぼうとする領域を「観」と呼ぶ。世界観、人生観、社会観などがこれである。現在の学校教育でもっとも不足しているのはこの「観」の分野である。

「観」の自己形成を行うために必要なことは、各教科のなかですべての生徒に充分精選された学問内容を習得させておくことである。これを分析学習と呼ぶ。これは絶対に必要なことだが、さらにそれらを統一する新しい形態の総合的な学習が必要である。子どもたちは、各教科で得た分析的な知識を自らの力によって総合し、そこから自分自身の人生観・世界観などの「観」をつくりだすことができるようにならなければならない。分析と総合とは相反する過程でありながら、しかもおたがいに相手を必要として切り離すことができないものである。ゲーテはいみじくもそれを呼気と吸気にたとえた。人間を育てる教育という仕事にとっても、もちろん分析と総合とは欠くことのできないものである。

国語、数学、理科、社会などの個々の教科は分析学習にあたる。だが、現実の問題は、個々の教科で即答できるように提起されるものではなく、それらが複雑にからみあった混沌としたかたちで人間の前に投げ出されるものである。現実社会の中にある、その問題を発見する力、問題をはっきりつかむ力を養成するため、総合学習はどうしても必要である。

「創造的」な教育、「創造的」な授業が行われるためには、教える立場からすると、

①自分の仕事に対する新鮮な探求心と知的な好奇心をたえずもち続けること。
②自由なくしていかなる学問の成立も芸術的創造も考えられないという自覚をもつこと。
③創造的な子どもをつくるには、〈少なく教えて、多く考えさせる〉ことである。

少なく教える場合、選択が必要になるが、その基準は〈羅列的な知識の堆積ではなく、広大な展望を与えるような原理を選んで教える〉ということである。

歩行は、もっとも初歩的な「術」である。「術」というのは、推論という回路を経由しないでも反射的に発動しうるものであり、肉体の方に広がっている領域である。「学」は、初めに「困難な課題」を分割し、その一つひとつの困難を根気よく各個撃破し、最後にそれらをつなぎ合わせて最終的な解決に到達するという方法のことである。教科学習がほぼこれに該当する。「観」は哲学といってもよい。「観」は他人から教え込まれるものではなく、あくまでも自己の力と責任において形成すべきものであり、自由を不可欠の条件とする。

教育は、すべて子どもの自発的な要求と活動に任せるべきで、子どもが要求しないかぎり、教師はなにひとつ教え込んではいけない。子どもの背後から援助することに留めるべきである。知的財産の継承を考えるなら、「術」「学」の手法を基盤にして、最終的には「観」に進むべく、全体的な構造を思い巡らしながら師弟共に学び合える方法研究が大切なのである。

以上、丸一冊に亘る長い文章を私の視点からとらえて再構成し、まとめさせていただきました。

遠山先生の人間「観」によれば、「人間が生まれつきもっている強烈な好奇心もしくは、探求心こそが思考や行動の原動力だ」ということになるのでしょう。「その好奇心や探求心が全面的に発動する条件（方法の示唆）をつくってやり」さえすれば、人間、とくに子どもはやるなといっても自発的に考え行動して課題を解決することができる。こういう具体的で個人的な課題を自発的、具体的に解決することを通して「観」というものは形成されていくのだと記しておられます。

この遠山先生のお考えに触発されて「観」を形成しようとするなら、眼前にいる生徒個々の方向性を知り教材から発する諸課題を過程的に解明しつつ立ち向かうより他に方途はなさそうです。

さて、いまどきの高等学校の教科書に掲載されている文章は、まことに多彩です。因みに7年前I高校のS分校で使用した高校2年生用教科書教材『第一学習社版　現代文A』をご紹介します。

教材名	形態	筆者（作者）名
①「私」という「自分」	随想	鷺沢萠
②新しい地球観	随想	毛利衛
③調律師のるみ子さん	小説	いしいしんじ
④デューク	小説	江國香織
⑤情けは人の……	随想	俵万智

⑥僕らの時代のメディア・リテラシー	評論	森達也
⑦汚れつちまつた悲しみに	詩	中原中也
⑧生命は	詩	吉野弘
⑨相棒	小説	内海隆一郎
⑩ナイン	小説	井上ひさし

教科書教材をとりあげる場合、私はその元の文章を必ず読むようにしました。教科書に掲載されている文章は一部であったり、欠けた文言がありうるからです。指導する者には書かれていないことをも知り尽くしておかないと観の形成も危ぶまれます。教材に書かれている内容の深いところまで説明することが国語担当者の責務ではないけれど、我々人間が生まれてから死に至るまでに、いつどこでどのように目の前の瞬間を過ごしているかということを少し高い場所から全体的に俯瞰し、自分なりに客観化・構図化しておくと役立つ時がくるはずです。例えば、キーワードで探ると、次のようになります。

①なら、「私」、「自分」、「他者」、「自分らしさ」
↓人間観・自立観

②なら、「宇宙」、「地球」、「環境」、「戦争」、「人類」
↓宇宙観・世界観・環境観・平和観

③なら、「調律」、「芸術」、「音楽」、「孤独」、「家族」
↓芸術観・音楽観・家庭観

④なら、「愛犬の死・愛・別離」――→死生観・愛護観

もし、生徒から深い内容の質問が寄せられた場合でも、「観」があれば、他の生徒の意見も引き寄せて意見を対照させ、各々の解釈を吟味しながら他の生徒と共に読みを深めるゆとりが出ます。

学校の授業で読まれる教材の言葉や説明の言葉、言い交わされる言葉が、理解され、納得されるためには、引き寄せの仕掛けをいくつか用意しなければなりません。後ほど林竹二先生の項で触れますが、「授業を企てるのは、教師である」ということが大原則です。子どもたちの心をつなぎとめ続けるには、多様な手立てがいり、何よりも、導く側がゴールまでの明確な導線を引かなければ、集中などかなえられないことでしょう。出席に重きを置き、授業に関心をもてない生徒だって多数いるのです。目的、ゴールというのは、学ぶ者の意思で設定されなければなりません。それは感動の実感であっても、読み方の鍛錬であっても、語彙の習得であってもよいのですが、学ぶ者の意思が反映されていることが肝心で、そのための準備が授業づくり第一の課題になります。授業は、教える側の企画に従って進みます。求められるのは、その時々の教育に関する総体的な考え方をまとめた国語教員自身の「観」であり、学ぶ側の「達成感」「高揚感」に具現する意識的な心的過程の挟み込みということになりましょう。

⑵ 国語教育の中の「観」のあり方

「観」を形成するうえで、とくに大切なことは、森有正氏がおっしゃるように自分の意味づけた「定義」が、いつでも他者に精確に伝わるよう、わが身の経験になじませておくことだと思います。自分が用いる言葉に対する意味づけが、論理的に矛盾をはらむものであってはならないでしょう。

水産高校にいたころ、長門市主催の人権教育にかかわる講演会がありました。当日、立命館大学の東上高志教授が、その場でおっしゃったと記憶しているのですが、次の言葉が心に留まりました。「民主主義というのは、すべての人が生まれてきてよかったといえる社会のことです」

45年以上も昔のことです。いわば、東上先生の「観」による「民主主義」という言葉の「定義」にあたるのですが、「すべての人が」「生まれてきてよかったといえる」という明快で具体的な修飾語は、共感した私の中で、ゆっくりとほぐされ始めました。「民主主義」に対するこの定義は、私にとって、具体的な社会問題事例を解釈したり判断したりするときの大切な目安になり手立てになりました。申しあげるまでもなく、「すべての人」というのは、「いま、目の前にいるこの人も、すぐそばにいるこの人も」ということです。「人」はもちろん、「生徒」にも置き換えられます。「自分の家族」でもよいでしょう。世界中のどこのだれにでもおしひろげて伝えられる普遍性をもった定義だと思いました。

「何を」「どのように」教えるのかという構想を立て、生徒に向き合うことがきっと学びの本質的な形なのでしょう。ただ、現場の教室は概して風通しが悪く、授業の企画の主体と進行は、国語の場合全面的に教師の側に委ねられています。国語における「観」にこだわるべき理由もそこにあります。

国語という教科では、原則、教科書に掲載された教材を中心にして授業が展開されます。言葉で書かれたことは意味内容を伴っており、意味は価値を含んでいます。含まれる価値を是認するか否認するかは、もとより国語授業の目的ではありません。が、評価に関わる考査問題の問いには、少しでも油断するとつい筆者の価値観に関わる訊問が紛れ込んでしまいます。他教科、例えば日本史ならば、（　）内に歴史上の人物や固有名詞で定まった歴史用語を解答欄に書かせることが当たり前になっているのかもしれませんが、国語で正答を決め込むと、俄然道徳や倫理的な始末の対象に陥ってしまいかねません。この油断は価値観を押しつけてしまう畏れを絶えず包含しています。

国語で展開するべき授業では、例えば推理小説に埋め込まれた伏線を点検しつつ、順次犯人をしぼりこんでいくようなプロセスのパターンを文章の流れに拠りながら提供していくところに指導の眼目があり、どのように訊ねたら、主題の多様性を考慮できるようになるかとか、その文章が韻文か散文か、小説か評論か随筆かという分類の仕方ひとつで、読む方法にも若干の変更をきたします。

書き手は自分の「言いたいこと」をどのように巧みな言葉遣いで伝えようと工夫しているか、という訊ね方にしないと表現への応用も効かなくなります。ちょっと油断すると、書き手の巧みな表現力に幻惑されるし、枝道や小径、最悪行き止まりや迷い道に誘い込まれてしまうおそれを教える者も教わる者もたえず抱え込んでいるというのが国語授業の実態なのではないでしょうか。一文また一文と重なって形象化するプロセスで、ついよそごとを思い浮かべてしまうこともあります。加えて国語そのものや言葉に対する抵抗感があり学習格差の大きな教室では、まずもって言葉の世界を滑らかに押し広げ、第一行から授業の受け入れ態勢を整えること自体が第一の難儀なのです。「観」を以て事に臨むうえで興味を覚えた文章事例を二つ採り上げます。

まず養老孟司先生が『遺言』（新潮新書）に書かれていた故事成語「朝三暮四」の捉え方について。

《五感を通して脳内に入ってくる「感覚所与（感じられたこと）」をことばによって意識し、直ちに「意味（価値や形象）」に変換（置き換え）ができる人間には、「同じもの」を「交換する」つまり、イコールで置き換えることができる。だから、人間なら、狙公（飼い主）から与えられるドングリを「朝に三つもらって、夜四つもらうこと」と、「朝四つ、夜三つもらうこと」とは形象化すると「同じ（価値）である」ことがわかる。つまり〈三＋四〉＝〈四＋三〉ということがわかる。

ところが、狙のように「感覚所与を優先するもの」には、目の前にない四つのドングリなどは「意味（価値）」がない。「朝三」もしくは「朝ゼロ」しかないわけであり、動物の生態的特質をみごとに表現している》

と捉えて、養老先生流の「唯脳観」から解釈し直された説明がなされています。一般的には「眼前の差にばかりこだわって結果が同じになるのを知らないこと。［ことばのうえでだけうまく話して他人をごまかす意にも用いられる」」(『新明解国語辞典』)と説明されていますが、逸話の書き手は狙(さる)とヒトとの違いを見事に捉えていたのだという新たな観点からの意味づけもできるのだという事例です。〈感覚所与の有無〉という「脳科学」の観点から「狙と人間の思考過程の違い」を盛り込めば授業は一層盛り上がり、裏づけを伴う解釈の多様性は生徒の考えをきっと拡張してくれるはずです。

もう一つは、『枕草子』の事例。同書冒頭の文章について。歴史学者五味文彦氏がご専門の歴史的「観」から書かれたエッセイの一節です。原文のまま要所をそのまま引用・掲載させていただきます。

《清少納言はいわゆる随筆のように思いつくままに書いたとばかり思っていたが、そうではなく、仕えていた中宮定子にお見せする目的で書いており、公的な性格さえも帯びていたのである。きちんと人物考証を行ってゆくうちに、今まで見えてこなかったものがくっきりと見えてきた。清少納言が書こうとしたのは、紙が一条天皇と中宮に献呈されたことに始まる。その中宮から、天皇の下では中国の歴史書『史記』が書写されることになったが、こちらはどうしようか、と問われたので、清少納言が「枕にこそは侍らめ」と申し出たところ、では紙を与えるので書くようにと命じられ、書くことになった、という。

この部分の解釈は様々に出されてきているのだが、いずれも釈然としない。そこで「しき」の連想から何が浮かんでくるのかと考えてゆくなか、「四季」が浮かんできた。そう、清少納言は、四季を枕にして書いてみましょう、と答えたのである。天皇の下で『史記』が書かれたことを踏まえ、その史記にあやかって史記を枕にした和の作品を書くことを宮に提案したもの、と考えられる。

この時代、唐風や唐様に対して和風、和様が対置させた、国風文化の作品が多く生まれている事情からすれば、こう考えるのが最も妥当であろう。また、そう捉えられれば、『枕草子』がなぜ、「春は曙」「夏は夜」「秋は夕暮」「冬はつとめて」と四季の風景から始まっているのかもよくわかる。『枕草子』は四季を枕にして書かれた作品である。……(中略)……

清少納言は自然の背景に人間を見ており、また人間の営みから自然の興趣を感じとっていた。そうした自然観や人間観はこの時代に育まれ、今に継承されてきているのである。》

『ベスト・エッセイ――２０１４』(日本文藝協会編／光村図書)

「観」というのは、一途に自分の興味関心の赴く分野の研究をしたり、専門的な職業に就いて、技術や技能を磨き上げた人のみが至れる境地なのでしょう。また、その研究や職能の全体が俯瞰できたり、作業工程の区分を全部掌握して、何をどうすればどのような結果が導かれるという全体のプロセスや構図が透視図のように思い描ける人のみが入手できるものの見方や考え方なのでしょう。

一朝一夕でこういう見方や考え方ができるはずがありません。知識、経験、技術が備わったうえに、難題が外部からひょっこりもたらされたとき、そういう「観」をもつ人たちは、時間をかけて頭のなかで思い巡らしながら、絶妙なアイデアやだれをもハッとさせるような当意即妙な言葉（形象）を起ち上がらせてしまうのでしょう。筆者、養老先生、五味先生の「観」による心的過程で「狙公」も「清少納言」も息を吹き返しています。

かような微細なニュアンスの現れを言語表現から嗅ぎわけ汲みとる力は、今後起こる自然大災害や事故や詐欺・犯罪などから身を守り、障碍を乗りこえる折にもきっと役立ちます。俯瞰する力と事の成りゆきを同時に掌握する「観」を培うのは国語が引き受けるべき大きな課題の一つです。

⑶ 地方の教育懇談会と岩国「ひと」塾のこと

雑誌『ひと』は、太郎次郎社を起こされた浅川満さんが編集責任者として刊行出版された教育月刊誌の名前です。１９７３年に創刊されました。

私は、県下に一校しかない水産専門高校に着任して、国語の授業をするということのイメージが思い描けないばかりか、生徒のことも何一つ知らず、困惑している状況下にありました。

同誌は、平易な横書きで、本の型枠も常識を破り、表紙のデザインも斬新でした。執筆陣に現場の先生方が多そうでした。なにより惹きつけられたのは、執筆者に、遠山啓、無着成恭というお名前があったことです。学生時代、教育学部外の学生だったから教職に関わること、とくに、国語の実質的な指導法は不明なまま卒業しました。お二方のお名前は教職教養科目で初めて伺いました。

このころの国内の進学率は、高校で約90％、大学・短大では約30％と高まり、巷には予備校や塾が乱立し始め、数え切れないほど多種多様な教育関連雑誌が発行されていました。太郎次郎社が発行した『ひと』も最盛期には、発行部数3万冊を数えるほどでした。全国的に生徒の非行や問題行動が頻発していた時代背景もありました。

公立高校教職員には人事異動というかなり広域に及ぶ転機が伴います。とりわけ、一教員が初任でどういう学校に配属され、どういう同僚や生徒や学校目標・方針や地域の情況に恵まれるかということが及ぼす影響は計り知れません。教育観・教科観・授業観・教師観・生徒観・地域社会観など四、五年間で形成された教育全体への見方や考え方は否応なくその人の生涯の糧になります。

私は長門市仙崎の水産高校で初任の4年間を過ごしました。およそ半世紀経過した現在、ここで偶々出会えた方々や生徒たちや地域の方々が間違いなく自分の方向性を定めたと確信できます。

教職員団体にも所属しました。おかげさまで、県外で行われた教育研修会に何度も参加させていただき、全国でどのようなことが起き、どのような実践が行われ、先生方と生徒や保護者がどう関わり合って、どういう授業や協働がなされているかなどということをかなり客観的に理解することができるようになりました。とりわけ「長門市教育を考える会」と雑誌『ひと』の講読を介して存じ上げた方々とのご縁は授業研究に係る貴重な出会いと助言を賜ることにつながってゆきました。

同僚のO先生は、私の着任後、まっ先にお声をかけてくださいました。微生物学を担当され、教育相談にもご造詣の深い方で、行動力があり、思い立ったら即日ことを進められました。この方主導で一年後「長門教育を考える会」という懇話会を起ち上げることになり、会には、後に合併され大津緑洋高校となる、水産高校・日置農業高校・大津高校の教員数名に地域の市民文化活動家3名が加わった十人内外の者が月ごとに集まり、地域の社会・文化・教育問題を話題に協議しました。

会の後で必ず食事会をもち、食後の反省会は延々23時に及ぶまで続くのが恒例でした。

同会主催の講演会では、発達心理学者昌子武司先生、元宮城教育大学長林竹二先生をお招きもし、有志で九州に出かけて水俣も訪問しました。この時、砂田明氏に一人芝居「海よ母よ子どもらよ」山口県内三市興行招致依頼をし、小説家松下竜一さん宅訪問も実現しました。松下さんからは、授業に応用できるノンフィクション作成上の貴重なお話も伺うことができました。

こうした流れに乗って同会は、やがて教育と授業研究を主流とする会へと趣を変え始めます。そのことに関する中心人物は、後に熊本大学教育学部教授になられた河南一先生でした。データを駆使し、グラフや数値の変化を追いながら、具体的なイメージ化を図って生徒の思考に厚みを持たせて問答を試みる歴史の授業展開を模擬授業で拝見し、資料の処理法に圧倒されました。

林竹二先生の授業行脚やソクラテスの手法なども紹介され林先生の講演会も実現されました。全国的な教育研修会にも一緒に出かけ、分科会で発見された仲本正夫先生の教科通信「数学だいきらい」や鈴木正気先生の「川口港から外港へ」関連資料も河南先生経由でいただきました。同先生は勤務先の農業高校内に授業研究会を起ち上げられ、授業研究機関誌『いちにん』の発行責任まで引き受けられました。現場での授業研究レポートが発行されたことは当時としても、今であっても白眉です。私の授業研究初レポート「絵物語作りの授業（第五章に詳述記載）」も同冊子に掲載していただきました。こののち、私は、この実践記録を原稿用紙30枚程度のレポートにまとめて太郎次郎社に送付したのですが、何の音沙汰もなく1年が経過しました。

私は、次の学校に転勤し、着任間もないその学校に太郎次郎社社主の浅川満さんからお電話がありました。日の目を見ることなどないことと思っていた原稿を掲載していただける旨のご連絡を承り、後日ご丁寧なお便りまでいただきました。

浅川満さんが、雑誌『教育国語』を発行していた「むぎ書房」で編集をしておられたことは存じ上げていました。むぎ書房発行図書の中には、「ここまで研究なさるのか」と思う本がありました。『文学作品の読みの授業』（篠崎五六）、『つづり方教育について』（国分一太郎）などがそれです。浅川さんは、裏面史も含めて日本の国語教育の流れを包括的に語れる数少ない方だと認識していました。編集・発行される教育雑誌『ひと』のテーマの斬新さと市民目線で学術や教育を掌握し、多彩な執筆者を起用し、時代背景にあたる経済一辺倒の日本の動向が引き起こす矛盾が教育に様々な影を落としていることを熟知された、教育に関する特段の編集責任者のお一人として尊敬していました。

やがて同社から共同通信社の斎藤茂男さん編集による『教育ってなんだ』や『父よ母よ！』などの単行本が出版され始めます。斎藤さん編集の文章に綴られた、現場で奮闘される個々の先生方のお仕事ぶりの報告は、中央発の教育問題の亜流を地方で受けとめる私どもに細やかな知恵と大きな勇気を与えました。以降、太郎次郎社発行のハードカバーを私はほとんど購読してきました。

浅川さんはお忙しいなかでも、現場にいる私どもをたえず励ましてくださり、五度いただいたお便りの中の「思いではなく実践に語らせなさい」というお言葉は、ずっと心にかけてきたつもりです。

同社主催の箱根「ひと」塾には二度出かけました。時代最先端の話題と教育の本質を語れる著名な講師揃いでした。思い返せば、当時も今でも、斬新かつ最高水準の講師陣であったと、素人目にもわかりました。すぐ傍に座してお話が伺える夢のような時間と場所設定でした。

これから教師を目ざすという学生さんはじめ、全国からもちろん手弁当で参加された先生方や講師陣と夜遅くまで協議しあったり講義・講演を拝聴できたことは、今なお懐かしい思い出です。

竹内敏晴先生のレッスンを受けることも叶いました。演劇を基盤にした呼びかけ方、心と体の離反する事例研究の講義なども拝聴しました。他の夏期研修会とは異質で総合的な教育問題研究協議会の趣があり、帰る頃には岩国でも小さな「ひと」塾を開こうか……などと考え始めていました。

浅川さんは黒子に徹し、文章を通して出会えた方々に、お便りを通して教育のあるべき方向性を示し続けてくださっていたのでしょう。最盛期には、たしか全国に100カ所以上の地域「ひと」塾が開かれていたのではなかったでしょうか。

やがて、岩国市の一集会所を主会場にして、私の呼びかけで岩国「ひと」塾を開始。『ひと』の定期購読者7人ばかりに連絡し、各勤務先での授業情報交換を主に、『ひと』の読書会を開くようになりました。「市内でこんな集まりをしています。よかったらお話を伺うことはできませんか」などともちかけて、市内で中央に向かって発信されている方々のお話を拝聴する機会も設けました。

当時近くの短期大学にいらっしゃった春日キスヨ先生や岩国市在住の児童文学作家岩瀬成子さんからは、目の前の課題の捉え方や書くことの意味、家族問題の行方などについて、あるいは心の面からアプローチして難題を解いていく言葉のありかたについての手がかりをいただきました。

また、こうした方々のつてで、関西にお住まいだった鹿島和夫先生を岩国にお招きできたり、小説家灰谷健次郎さんとの酒席にご一緒させていただいたりしたことは今なお印象深く残っています。「ひと」塾を介して、中央から著名な講師を心やすく派遣いただくことも多々ありました。仮説実験授業の板倉聖宣先生、北方性教育の遠藤豊吉先生。後に「東京シューレ」を開校された奥地圭子先生、数学者森毅先生を岩国にお迎えできたのも、太郎次郎社様のおかげです。全国各地で、さまざまな人が自主的かつ主体的に教育のことを考える場所を設けた「ひと」塾の試みは、教育史に留めおくべき貴重な社会教育活動の一つでした。

3 林竹二先生の『授業の成立』を基盤にするということ

１９７０年代の後半は、小・中学生高校生を対象に２００回以上の授業行脚を続けられた宮城教育大学元学長林竹二先生や同大学の先生方の動向が授業研究上、際立っていると感じました。当時、現場で日々の授業を展開されている方々からは、非日常的な実践だという批判的な言辞もありました。が、林先生の行動力と授業展開に感動した私は、『授業の成立』（一莖書房）を熟読し、先生のご提言を生涯復習できるようにと、次のように内容を要約させていただきました。

教師の仕事は、授業を組織することである。教師が授業をきびしく組織するときにだけ、授業は授業になるのである。そのために、子どもの発言はすべてきびしい吟味にかけられなければならない。この吟味こそが教師の授業を組織する核心だと私（林）は考えている。ソクラテスの問答法は、私が授業を考えるひとつのモデルになっている。学ぶ者は、その吟味に自分をゆだねることで、人は世間一般の、通りいっぺんの考え方から抜け出すきっかけをつかむ。そこで大事なことは、その否定の質であり、学ぶ者が、自分の意見の維持しがたいことを、腹の底から自ら納得してはじめてその通俗的な物の見方、感じ方から解放されてゆくのである。要は、自分自身の手で否定がなされねばならないということである。

授業の展開は、ある一つの方向をもっていなければならない。その方向を決定するのがイメージであろう。その根底には、子どもに対する願いというようなものが大きな働きをしているのではなかろうか。教師の教えたいものが、子どもの追求したいものに転化するときに授業が成立する。その出発点は、教師のうちにある「教えたいもの」であって、教師の外にある、教えるべきものではない。

より高い山に挑むには、相応の強い動機が子どものうちに働き続けねばならない。この動機を喚起することが教師の務めである。その動機とは、子どもの前に登るべき山を突きつける――魅力ある山容を描き出して見せることである。その作業こそが【導入】にあたる。

開講の際、1時間を充てても登るべき山容を描き出し、ある距離をおいて目的地を示すこと。【導入】には、三つの段階があるのではないか。

第1に、授業の中に子どもたちを連れ込んでいく仕事だということ

第2に、その作業が、同時に子どもの中に主題を設定する仕事になるということ

第3に、子どもと教師の間に交流（心のまじりあい）が成立すること

この導入が顕著な効果をおさめるのは、その中で、一種のブレイン・ストーミングが行われる場合ではないかという気がする。これがうまくいくと、子どもたちの中に主題がしっかりと設定される。

私は、授業というものは、ひとつの浄め（カタルシス）だと考えている。汚れにあたるものはソクラテスのいう「ドクサ」である。そう見える、そう思われるところのものをそのまま、「あるとする思い込み」のことである。ほんとうに何かを追求するとか、ひとつのことをわかるとかいうには、子どもの発言をきびしく吟味にかけ、えせ知識すなわちドクサを取り除いてしまわなければ、ありえないのである。このように、汚れをとりのぞく吟味を欠けば、授業は成立しない。子どもが意見を出したら、それをあらゆる角度から吟味することによって、その意見を子どもが放棄するところまで追いつめる。その時初めてほんとうに知識というものに向かう運動が始まる。だからこそ、授業はその本質においてカタルシスだということがわかってもらえると思う。

終わってみると、今まで一つ一つではわからなかったことが全体の中できちっと位置づけられて鮮明に見えてくる。授業が成立するということは、部分部分がばらばらにならないで、いつでも全体がくっついているということである。

こちらの説明が、その事実が、子どもの中にほんとうに成立するまで、事実を子どもの中に入れていく作業をしなければならない。「答えで終わってしまうのでない授業。答えで始まる授業。」が私の授業の特徴である。子どもたちがそれぞれ自分の問題をもち、それを追っかける。それが授業なのである。教師が教えたいことが子どもが追求せずにおられない問題に転化するときに、そして子どもが問題を追っかけはじめるときに、授業は成立するといってよいだろう。

私は、言葉でなく、言葉の根にあるものを、発言の「根」を問題にするわけである。根にあるものをつきとめるまで、子どもを追いつめてゆく。授業というものは、ある教材を媒体として、子どもたちが、自分たちだけでは到達できない高みにまで、自分の手や足を使って、よじ登っていくのを助ける仕事だといえるだろう。それが授業を組織するということである。

私のいう本当の【学習】というのは、単純化すれば、主体的、持続的な問題の追求を通じて、子どもが変わることだといえるだろう。

教師の【発問】の機能とは、教師が子どもの内部に切り込むための手段である。あるいは、教師が外からは見えない子どもの内部に探りを入れる手段だといってもよい。授業の核心は、子どもの発言ではなくて、それに加えられる吟味である。それは、子どものことばの根にあるものを突き止める作業である。発言が自分のうちに根をもつものでなければ、それはその子のことばではない。その根底に「根」即ち「事（事実）」があって初めて「ことば（事端）」なのである。

授業を決定するのは【教材】ではなく、【教師】である。この自明のことが実は教育の現場で忘れられているように思えてならない。動機が不断に内部に働いていて、はじめて生きた絵を――授業という絵を描き上げることができる。教師たちは授業案を授業の出発点と考えるが、これは錯覚である。細密に書き込まれた案であればあるほど教師の活動を外から縛りつけ、子どもとの対応の自由を奪い、授業の生命を失わせる。

教材研究には二つの段階がある。一次的な教材研究は自分自身のためのもので、自分に納得ゆくまで教材をかみ砕く作業である。その徹底的な作業を通じて、教師のうちに教えたいものが形をとってくる。この教師の「教えたいもの」こそが授業の出発点である。授業を根本で決定するものは、この「教えたいもの」であって、断じて教材そのものではない。私の「一年に一度の授業」という提案は、この突破口をつくるための具体的な提案なのだが、その狙いは、教師が自己の内部に動機をもつ経験をすることである。その授業成立の第一条件こそ徹底的な自分のための教材研究であった。「教えたいもの」がおのずから形をとりはじめる。これが第二次教材研究の根底ともなるのである。二次的な教材研究は、具体的な授業をつくることを念頭においての教材研究である。子どもたち自らがそれぞれ主体的に登頂を果たせるか、実地に即して見極める作業といってよいだろう。

教えるということは、子どもが何かを学ぶことによって、初めて終結する。従って、子どもが山頂にたどりつく、即ち子どもが本当に学ぶまで、教師は何も教えていないのである。教師の根本の仕事は、学ぶことである。教師が不断に学ぶ意欲をもち、能力をもっているのでなければ、子どもの学習をきびしく組織することなどできるはずがない。

教師が、長期的に、一つの問題を寝ても覚めてもというふうに追っかけることなしに「学ぶ」ということはありえない。教師に最も欠けているのはこの経験である。教師たちが子どもたちを教えることに急で、子どもたちから学ぶ意志と能力を欠くとき、教師は決して子どもの中に入り込むことはできない。

「一年に一度の授業」という提案は、教師が教師になるための何よりの具体案である。

『授業の成立』の内容を林先生の表現によりながら順序も並べ替えてまとめさせていただきました。全体を読み直してみると、今の教育現場でも、これから先のデジタルベースの教育現場でも充分通用するし、今なお斬新に感じとれることがたくさんあります。思考の錬磨をする意味、目的、方法、素材、具体的な手立てなども、『授業の成立』の中に、すべて記されているのではないでしょうか。

5年前、今も行われている東京の小さな「ひと」塾に出かけたとき、佐藤学先生のお話を間近で拝聴する機会がありました。佐藤先生が関わってこられたいくつもの学校で行われている「学びの集団」づくりのあり方を導入すれば、そのクラスにいるすべての生徒たちが一つの問題、一つの問に多方面から関われたのではないかということに気づかされました。林先生の記述では、「この導入が顕著な効果をおさめるのは、その中で、一種のブレイン・ストーミングが行われる場合ではないかという気がする。これがうまくいくと、子どもたちの中に主題がしっかりと設定される。」という表現が「学びの集団づくり」と軌を一にしていると感じたのです。

学校という教育の現場では、原則的に少なくとも1年の間、教師と子どもたちの関係が継続します。その間、多様な行事やイベントも入り込みます。子どもたちが学ぶ場所は決して学校だけではないし、教師からだけではない。学ぶ側の者にとってそれぞれの心に深く残っているのは、ある情況を背景に、絶妙のタイミングで起ち上げられたことばとそれへの反応の声ではなかったでしょうか。

そうした非日常的な場面が目の前にいきなり現れたときに交わされることばが、教わる側の子らの学ぶ内容の選択に決定的な意味をもつことは少なくないと感じます。

林先生の授業は、不定期の投げ込み的な形で行われたので、1年間ずっと現場にいて日々課題ある生徒と過ごされる先生方からは疑問の声もありました。先生はそれを十分理解された上でご高齢を推して全国行脚に挑まれ、現場に張り付くドクサを払うべく授業の典型を示されました。「一年に一度の授業」をと投げかけられる『授業の成立』に記されたお言葉がそれを証しています。

「授業」は、油断していると、参画者の目前からスッと立ち消えてしまいがちな脆さ危うさを併せもっています。そこに節目を入れる授業展開の手だてとして、林先生が授業成立のために描かれた見取り図――登るべき山、魅力ある山容の描き方と先生の実践（写真）記録をわたしたちは様々な機会に思い起こすべきだと考えます。「一年に一度の授業」をもくろみ、実践し、その成果を共有してゆく組織作りができれば重畳です。それも、同じ職場のなかにできれば、林先生の方法論は、今後とも継続的な豊穣をもたらし、次の世代の教育現場にまでも継承されるべきことと思います。

4 河合隼雄先生の著作から学び国語に取り込んだこと

大学卒業後、河合先生の『無意識の構造』（中公新書）『コンプレックス』（岩波書店）を読んで啓発されました。

　中でも、「箱庭療法」に関心をもって以降、昔話や物語を分析し、実に平易に説かれる軽妙な筆致に魅せられ、購読しては感心し、50年に亘り一愛読者としてたっぷり読ませていただきました。

　水産高校で試みた、滝平二郎氏の切り絵に対する絵物語作りの授業をとっかかりに、象徴詩づくりの授業や現代民話作りの授業を試みることになるのですが、基盤は河合先生が記された心の世界のご説明に対する私の解釈から出発しています。とりわけ、「箱庭」を通して来談者の方が自ら語られる言葉を手がかりに心の深層を表に映し出すことにより、自らの心の深部にある何ものかに本人が気づき、恢復の手がかりを見いだしてゆかれるというご報告から、表現世界を広げる上での大きな示唆をいただきました。数えてみると書棚には河合先生の著作が53冊並んでいます。

　河合先生のご研究は、ユング心理学に由来しています。とりわけ、昔話や少年少女向けの物語や絵本まで含めて、心理学的なアプローチによる分析や解釈の叙述が原作以上におもしろく、書店や古書店で先生の著作新刊本を見つけるとたいていは購入してきました。私の授業になによりも役立ったのは、先生が本格的に日本でご紹介された「箱庭療法」であり、『コンプレックス』『こころの天気図』。そして、子どもの本の読み方、解釈の仕方に関する著作の数々でした。思春期にさしかかった少年たち、生徒たちへの対応の仕方についてもずいぶん参考にさせていただきました。

『トポスの知』（ＴＢＳブリタニカ）という、「箱庭療法」をめぐる、中村雄二郎氏と河合先生との対談記録を掲載した本があります。カラー写真が多数添えられ、療法の様子や解釈のしかたがとても理解しやすくなっています。「箱庭療法」は、河合先生がスイスのユング研究所に在所中、カルフさんという女性から教わった技術的処方なのだそうです。箱庭づくりの伝統は日本にもあったし、患者さんが自分の陥っている状況を説明するのに、抵抗なく言語を用いなくても行える利点があることから先生はいち早く日本の療法に取り入れられました。カルフさんが方法を発展させた要点は、

一、治療者と患者との関係が安定していなくてはならないということ。
一、箱庭に置かれたものの表現を象徴的に解釈する道を切りひらいたこと。

の二点。患者は自分の箱庭表現の象徴的な意味を解釈し自分自身を修正し治っていくそうです。絵で描けない者も、箱庭を作ることはできます。出来上がった箱庭を作った本人がその全体を見て、何か目に見えないことを象徴的にとらえて直感的に気づき、自分の心がかかえた問題を快方へ向かわせていく……そういう治癒事例が多いのだとも書かれています。

河合先生の『コンプレックス』は、私が大学を卒業する頃に、出版されました。

私どもの世代はよく「団塊の世代」と呼ばれます。1年間で今年の新生児の3倍近い子どもが誕生したのだから、社会の動向に影響を及ぼさないはずがありません。当事者の一人として今日に至り、振り返ってみると人生上の大きな選択を迫られるとき、いつも競争を伴っていた記憶がありま す。競争すれば否応なく順位がつき勝敗が伴う。大学への進学率も高まり、慣れっこになってはいたものの、同世代の人たちは、皆さん何がしかのコンプレックスを抱かれていたのではないでしょうか。

私は、劣等感を抱くことをコンプレックスをもつことだと思い込んでいました。そうではなく、「無意識内に存在して、通常の意識活動を妨害する、何らかの感情によって結合されている心的内容の集合」を短い言葉で「コンプレックス」というのだそうです。思い巡らせば、私の感じていたコンプレックスには、確かに劣等意識と妙なプライド意識がない交ぜになっていたような趣がありました。

劣等感に囚われ、成功・失敗や優劣、美醜、善悪などについて、ついつい安易に割り切り、結果として不安定な心をかこちながら貴重な青春時代を送ってしまう。私も紛うことなくその一員でした。

『コンプレックス』の「あとがき」には、こう書かれています。

「コンプレックスはわれわれが排除するべき塵埃などではない。よし塵埃であるにしても、『最も低きものから至高のものが生まれでる』という逆説を包含するものである。」と。

また、『無意識の構造』では、

「コンプレックスというものは、感情のしがらみであり複合体である。劣等なことを劣等であると認識することは、コンプレックスと無関係なのである。というより、そのような認識こそコンプレックスを消滅させるための第一歩なのである。」とされ、「それは《解消》というよりは《爆発》に近い現象によってこそ、克服されるものである。」と説明しておられます。

とはいえ、個々の心が永い時間をかけて抱え込んだ問題は、当事者以外の者に解決の手だてなどとても見いだせないことでしょう。だから、自分の言動を文章化したり、象徴化したり、身体表現したり、箱庭を作ったりして自らを投影するなど、自己を客観化できるような手だてを施し、本人が抱え込んでいる「何か」に気づくことが解消に至る何よりの緒になっているのではないでしょうか。

高校生時代に、心のありさまを具体的に縷々書き進めることは意外とむずかしい。思春期の生徒であり、まだ言葉を交わしたこともない国語担当者や同級生やカウンセラーに、私事を隠すことなく表現させることなど至難の業だと思うのです。まして、コンプレックスそのものは、ほとんどの生徒がもちあわせ、解消しあぐねている代物なのです。

そこで私が選んだのは、象徴化の方法であり、虚構を意識した表現の手法でした。たとえば、恋愛感情、親子関係、友人関係、進路のこと、学習のつまづき、家庭の事情なども動物同士の関わり合いになぞらえて表現したり、象徴的な一編の詩などに落とし込めれば、かなり言葉による表現で客観化できます。客観化できれば腑に落ちるはず……そう思って、授業作りの準備を整えました。「象徴」についての定義は、『俳句入門』（中村草田男／みすず書房）中の文言を拝借しています。前後の説明を含めて抜き書きさせていただきます。事例は、第六章に多数掲載しています。

……世の中には「事（形のないもの）」と「物（形のあるもの）」とが存在します。形のあるものは、比較的容易に説明し描写し表現して、読者にそれを理解させることができますが、形のないものは、なかなかそうはいきません。そこで、「物」をかりて「事」を表現する、――「物」の姿をとおしてそのうらにある「事」を読者に伝達する――という方法がとられるにいたります。たとえば、「平和」という「事」そのものは表現し難い。そこで、「鳩」という「物」をかりてきてそれを表現しております。……

ところで、本書で用いる「過程」という熟語の扱いにつき、私は次のように捉えて表現しています。

目でとらえられ形象化できるありさま＝「状況」→「過程」…………外言として機能しやすい
目でとらえ難く形象化し難いありさま＝「情況」→「心的過程」……内言として機能しやすい

辞書で引くと、「状況」は「情況」とも書く、と説明されることが多いのですが、「漢字が異なれば意味も異なる」というのが「表意文字」の原則だと考えてこのように対応します。使い分けによって、本質が捉えやすく例外も見えやすくなり研究を進化させることも多いと考えてこう定義します。

いずれにせよ、感覚器官を通して、状況の中に潜み「見えず捉えがたいモヤモヤした存在（＝情況）」に気づき、目に見えるように表出したり、表現したりすることから自己との邂逅が始まります。

このことについて私は、詩人大岡信さんが詩の神髄にあるべきこととして何度も引用して紹介された、ノヴァーリスの『断章』の言葉の日本語訳をしばしば採り上げて生徒たちに説明してきました。

見えないものは見えるものにさわっている。聞こえないものは聞こえるものにさわっている。それならば、考えられないものは考えられるものにさわっているはずだ。
『詩・ことば・人間』（大岡信／講談社学術文庫）

「未だ見えず、聞こえず、触られていないもの」――詩作の種に当たる物事は、平生から既に見たり聞いたり触っていたりするもののすぐ傍や裏や「経験」の中にあるのだと言い切られています。詩的な、文芸的な作品を書こうとする意欲をそそる魅力的な文言です。感性をはたらかせて、個性的な作品を書かせる前の素材探し段階で、常にこの言葉をとりあげて例を示しました。

脚本家倉本聰さんが中学生の頃、「鼻」という作文題を課された際、級友の一人が、自分が夏休みに盲腸の手術をしたときのことを細かく書き、「手術室から出たときに麻酔から覚めた。そしたら、プーンとクレオソートのにおいがした」と書いて出したそうです。先生は、「これが文学のヘソです！」と仰ったのだとか。『脚本力』（倉本聰／幻冬舎）に書かれています。

目に見えない物事を書く折に、素材となるものごとを、「発見」「発明」するということについては、『俳句のたのしさ』（講談社）に記された俳人鷹羽狩行氏の定義に依拠させていただいています。

「発見や発明と呼ばれるものも、まったくないものの発見や発明ではありません。発見とは、すでに有るのだけれどもだれも気がつかなかったものを見いだすこと、また、発明とは、有るものにいままでにない組み合わせ方を加えたものでありましょう。」

「光」と「影」という言葉で「見えるもの」と「見えないもの」をよく対比します。一つの存在を際立たせるには、対照的なものごとを背景に置いたり虚構したりすることがよいのかもしれません。
高校生にもなれば、独自の素材を心の中で見つけ出し、その有り様を例えば動植物の生態や有り様など目に見える物語に置き換え、読者を意識して記せる生徒は決して少なくありません。

5 西郷竹彦先生の「虚構論」を自分の授業に活かすこと

(1)「虚構」について─佐野洋子さんの「うそ話を」から─

虚構の大切さ、「ウソ」の大切さ、そしてその魅力を実感するには、佐野洋子さんの妹さんがウソをついた恋人の話というのがとてもわかりやすくておもしろいのでご紹介します。『私の猫たち許してほしい』（佐野洋子／ちくま文庫）に「うそ話を──〈虚構の世界を作ること〉」と題された文章が掲載されています。少々長い引用になりますが、虚構の本質が「現実を乗り切りひたすら生きていく」手立てとなり「創作の原点」にもなり得ることを教わることができそうです。


父が死んで一週間程した時、私は十二歳の妹の机の上に書きかけの手紙を見つけた。

私は妹の手紙を見ることに良心の呵責を感じたが、好奇心の方が強かった。

彼女は沖縄のペンフレンドあてに手紙を書いていた。ペンフレンドはやはり十二歳で男の子だった。

「私はあなたとお別れしなくてはなりません」と書き出してあった。

彼女は父が死んだことを告げ、その父がどんなに優しく立派だったかを語り、その父が死んだので、大きなお屋敷を悪い人に売らなくてはならなくなったと書いてあった。

大きなお屋敷の庭には、芝生がひろがり、セパードが居て、グランドピアノがある応接間があり、その応接間には、ペルシャじゅうたんが敷いてあるのだった。

「私は田舎のあばら屋にひっこしをするので犬とも芝生ともグランドピアノとも別れなくてはなりません。もうデザートに焼きリンゴを食べることも出来ないのです。だから、私はあなたともお別れしなくてはならないのです。」

私は驚いた。私たちの家は小さな教員住宅で、庭にはキューリやトマトが植えてあったが、芝生など一本も生えていなかった。私はペルシャじゅうたんなど見たこともなかったし、家中で、グランドピアノにさわったことのある人間も居なかった。

おまけに焼きリンゴ――

妹は自分の不幸にどっぷりひたり、さらに拡大して、一つのドラマに身をゆだね、手紙の中でちがう人生を生きていた。中々の表現力で、明らかにそれを楽しんでいた。

妹は可哀相な女の子になりながら、多分うっとりとその手紙を書いたに違いない。

そして、食事の時、もっと小さな妹に、「あっカラス」と空を指さしながら、小さな妹のおかずをくすね、母親からこづかれていた。しかも、妹二人は父が死ぬ前よりもなお一そう寄りそって、父が可愛がっていた犬と戯れて、他人が見れば、それは不憫であった。

妹はただひたすら生きていた。十二歳の子どもを、あるいは父を失うという現実を。

彼女は違う人生を描いていたのだろうか。この手紙は嘘なのだろうか。

彼女は違う人生を描いたのではなく、やはりそれは彼女の悲しみそのままではなかったか。

その手紙は、私の感傷を越えて、したたかで、臆面もなく、可憐であった。

妹は、虚構にすり変えて、現実をひたすら生きていると私は感じた。
これを嘘と言うのだろうか。このリアリティのこもったホラを嘘というのであろうか。
私は自分が小学生の時書いた数々の嘘をちりばめた作文を思い出す。
私の嘘など、なんとひ弱で、リアリティが無いものだったか。つき上げられる欲求も無く、
ペロペロと口から出まかせの嘘をつき、先生にじっと目を見られて恥じ入った作り話。
母を恥じ入らせた夏目漱石そっくりの作文。妹も私にあの手紙を見られたことを知れば恥じ
入るかも知れない。
しかし、私は妹の悲しくもこっけいなホラ話から、創作の原点を学んだ。
自分をおそった現実と哀しみから離れることなく、ロマンスをくりひろげたこと、虚構の世
界を作り上げることで、現実をのり切ること。それがたとえ、安手の少女小説まがいであった
としても、妹にとって、あのうそ話はとりもなおさず生き続けることを意味していたにちがい
ない。
　私の仕事はうそ話を作ることである。
　私はそのうそ話を、十二歳の妹のように作りたいと思う。

「虚構」は、人間に想像力と創造力を駆使させ、現実を冷静に見据えて客観的に見直させ、目に見
えにくい状況全体を整理し直させて自分なりに納得する上でとても大切な手法です。私が試みてき
た表現に関わる授業の根幹には総じて「虚構」が関わっています。高校生世代に、私的なことを公

に晒すのはきっと厭わしいことだろうし知られたくもない事を易々と他人の前で露出などしたくないでしょう。逆に、虚構化し、自分のことも面白おかしく表現させる方が遙かに易しいはずです。

学校という場所では、当然のことながらウソをついてはいけませんと言います。とくに義務制では繰り返しおしつけられます。中には、「ウソをつきなさい！」などと子どもには理解できない反語で叱りつける母親もいるけれど、ウソをついてごまかすことを奨励する家庭などなかったはずです。

その一方「ウソも方便」ともいいます。本当のことしかいえない性格で、友人を喪う気の毒な人も少なくないのが今の日本社会。真の忖度や実の斟酌が行われる現場にはなかなか立ち会えません。

言葉というものには、厳密な意味でいうと、また真実としても、現実をあるがままに表現することも再現することもできません。言葉が、時間進行上に展開するという宿命をもっている以上、展開する場面のうちの最も肝心な事柄のみ私たちは切り取り、つなぎあわせて話し、聞き、読み書きし再現し再編集しています。だから、どれだけ具体的であろうとしても、言葉で表現すれば、書き手や話し手の思い入れや見落としや意図的な削除が必ず伴うことを大前提に物事は解釈されていくしかありません。そうではあるけれど、毎日付ける日記やメモには、結果として数値や固有名詞が遺されます。これは後にそのメモを見る人にとって貴重です。「いつどこで誰が誰と何をどうしたのか」。そこまでは事実に近い。そこに「なぜ」と「どのように」を潜ませると虚構が始まります。「潜ませる」人はいわば「ウソ」の種を蒔くわけですが、「虚」を「構える」ことで、多様な「実」も「虚」のなかに溜り込みます。私も齢を重ねるにつけ、誰も傷つけないような明るいウソは、実直で、誠実で、慈愛に満ちた者が覚えずしかけている、のかもしれないなぁと思うことが増してきました。

⑵ 西郷竹彦先生の「虚構」の作文指導から学んだこと

西郷先生の『文芸教育著作集』（全23巻本）をやっと購入できたのは、１９８６年のことでした。『詩の教室』（部落問題研究所出版部）と『せりあがる授業』（黎明書房）に書かれている文章に引き込まれたのが文芸学との出会いでした。九州で行われた「文芸教育研究大会」に参加し、岩国市内の研究会にお見えの時は間近でお話を拝聴しながら、畏れ多くてお声かけもできませんでした。いつも上機嫌で明るく淡々と語られるお言葉に、お人柄があふれ出ていたのをよく覚えています。

短詩型文学や教科書所載の詩、絵本や著名な教科書掲載文学作品について、西郷竹彦先生の授業進行と受講する児童生徒のさまを、できる限り現場での進行状況を踏まえて起こされた原稿が掲載されている参考書に出会えたのは幸運でした。小・中学生対象ではあるけれど、国語の実践的な授業運びで、生徒に投げかけるべき言葉や前後の様子、さらにそれを導き出す授業構成の見取り図を想定できたことがなによりでした。

「詩の読解」の仕方について。『詩の教室』の記述以上に解りやすい説明はないと判断し、西郷先生の授業の流れを覚えて、自宅でシャドーティーチング練習をしたこともあります。近代和歌の解釈と説明について、『せりあがる授業』以上に教室で子どもたちを惹きつけていく授業展開を想像できなかったので、以降、西郷先生の文芸学に関する単行本はずいぶん講読してきました。

説得力のある言葉を用いるには、授業理論がいります。西郷竹彦先生が提唱される「文芸学の理論」は、文芸で用いられる言葉の定義が「学」の全体構造の中でなされているので、文芸学の神髄を弁えていない私のような、研究会員以外の読者であっても授業の進め方が腑に落ちます。とりわけ、「虚構」についての叙述は全集の第九巻に詳しく書かれています。「虚構の作文」に関するお考えの記述を端折りつつ、私の主観で要点をピックアップし、次のようにまとめさせていただきました。

□虚構の作文指導について

すべての言語表現は、伝達性と虚構性をあわせ持っています。すべての言語表現は何かを伝達するとともに、大なり小なりの虚構性を生み出すものであるということです。したがって、伝達のみを目的とした文章においては、できるだけ虚構性を生み出さないような考慮が必要となるといえましょう。子どもの作文も、多くの場合、虚構の方法をとっている場合、作者の意図をこえて、はるかにゆたかなイメージと深い意味とを生み出す虚構性をもつものです。

虚構の作文指導は、認識を広げさせるとともに書いたことから認識をゆたかに深めることをねらいとするものです。

文章が作者の意図をこえ、日常的な意味をこえて、より深い意味を読者によって見いだされるとき、この文章には虚構性があるといい、読者はこの文章を虚構の文章として読んだといいます。

虚構とは、人間存在の意味、人間の生きる意味、人間にとっての世界の意味をとらえ、見いだすという方法です。

例をお話しします。町中に育った子どもがいて、この子がたとえば写真とか図鑑とかテレビで牛というものを見ているとしますね。その子には、自分なりの牛というものについての観念（イメージ、概念）というものがある。ある日、突然ばったり農家の裏庭かなんかで巨大な牛の鼻づらと出くわしたとする。跳び上がるでしょう。跳び上がって、そこでは彼のあるべき牛というイメージ、大げさに言えば、世界像といっていいですが、観念が破壊される。そこには、驚きがあり、新しい発見がある。自分がいままで持っていた牛というものの像がゆすぶられ、変革を迫られる。そういうところから芸術は始まるわけです。

虚構というのは、事実と違うから虚構というのではなく、意味づけるからこそ虚構となります。自分が今までもっていた、ある言葉についてのイメージが激変します。彼が描く牛の絵が図鑑のようにプロポーションのとれたものではなく、角が巨大にデフォルメされてくる。ここからが芸術。何かをきっかけにゆすぶられ意味づけの変革を迫られる。そういう驚き、発見というところから芸術としての「虚構」のとらえ方が始まります。一般的な像ではなく、自分の目の前に、もっといえば生命の前に突如現れた存在が躍動しはじめます。

虚構というのは、象徴を創り出す方法といえるでしょう（描かれているものがそのものであると同時にそれ以外の深い意味を表すという、これが象徴です）。現実に拠りながら、しかもその現実をこえて、新しい次元の高い現実を創造する、それが虚構の方法です。

虚構の世界は、読者の方向に向かって、一定の角度から、読者がその世界に入り込み、読者がその世界の事物を見るように構造化されています。意味づけ、方向づけがされているのです。ですから、ニュアンスの差はあっても基本的な読みに差は生じません。

虚構世界が意味づけられた世界だとすると読者はやはり、作者が設定した視点というものに沿って、あるいは向かい合って虚構の世界というものに入り込み、虚構の世界にある意味をさぐるという主体的な姿勢をもたなければなりません。

文芸教育の目的は、基本的に子ども自身が、自分の力で世界の意味、自分の生きる意味をとらえていくようにならなければならない。

本当に大切なのは自分を客体化することです。自分の生活の目でとらえると同時に自己を客体化してそれをもういっぺんとらえ直す視点というものを教えていく。

文芸を指導する以上、現実を虚構する、そういう創造力を、作家たちの創造する方法に学んでほしい。子どもたちには、かれら自身がこの世界を意味づけ、世界を相手どって、自分の独自の小宇宙を創り出す営みに参加させていきたいのです。

作為があるから虚構というのではなく、そのような構成になっているからこそ、虚構なのです。

虚構の方法を学ばせるという点について、まず第一歩となるのは、視点、視角、構成ということを作品に即してつかませ、それらの理解をふまえ、作文や表現においてそれを活かすということです。

視点の設定とは、作者と対象と読者の関係を規定するものということになるでしょう。文体も、この三者の相関関係の上に決まってくるものなのです。

文芸作品の筋とは、事件の筋ではなく、わかりやすくいえば、イメージと意味がしだいにあざやかとなり、あきらかとなっていく過程といえましょう。作者は筋の展開によって、イメージと意味を追求していくのであり、読者もまた、その意味を発見し、創造の過程と作者の思想の軌跡を追うということになり、そのことで作者の創造に参与するわけです。作文を書く指導も読み取る指導も右の原理に基づいてなされることが望ましいことです。

作文の評価にあたっては、作者が作文する過程で、作文する前とちがってどのようにその思想を深められているか否か、いかなる方法によって、いかに意味の発見、創造をなしえているかにかかわって評価することが必要です。

対象はいかなるものでも、それが自己との、自己の生との関係においてとらえられたときには、意味が忽然と芽生えてくるということです。対象や題材そのものから「ねうち」がきまるのではなく、それと自己とがどう関係しているのかということをどう発見するかさせるかに「ねうち」は関わってくるのです。虚構の作文指導は、書くことによって終わるのではなく、書いたところから始まるのだといえましょう。

※『虚構の作文指導についてのまとめ』は同書260頁以降に記されています。

私どもが、教材として教科書に掲載されている作品を読解する場合も、表現するときに資するような読解をする必要があります。西郷先生の文芸学では、用語の定義が矛盾なく定められています。

「学」として教科で共同研究し、質を高めていくには欠かせない作業だと再認識します。ただ、全国のすべての小中学校で「文芸学」が平準化されてはいません。どの学校でも斯学の指導を受けて高校に進学してくるわけではありません。規模の大きな高校には、地域の中学校だけでなく、30校近い中学校から入学します。また、専門高校では、必ずしも十分な「国語」の講座設営と時間数確保が行われているわけではなく、斯学の基本事項の修得に費やせる余裕もありません。

そういう状況下、「文芸学」での分析や考え方を用いて授業する場合は、文芸学の基本構造や必須事項の定義にわかりやすい説明を添え、何度でも読み返せるような一枚のプリントにまとめて配布し、ファイルなどに入れさせ、即座に取り出せるようにしておくのが事前の作業となります。

私が、水産高校で、滝平二郎氏の切り絵を用いて物語を書かせる授業を試みたころ、西郷先生の文芸学のことはまだ知りませんでした。また、「虚構」という言葉についても、今日的な意味ではなく、「ウソ」とか「想像上の」という言葉に置き換えて、一般的な解釈をしていたと記憶しています。

後で、私の実践について詳しく述べますが、この授業に取り組んでみようとしたのは、滝平二郎氏の「切り絵」の世界にただただ惹きつけられてしまったからです。県外の大学を卒業し、さらに他県の山間の高校の分校に赴任した私にとって、『朝日新聞』日曜版に定期掲載された滝平氏の「切り絵」ほど、心を落ち着かせてくれるものはありませんでした。毎日曜日それを切り抜き、裏地を貼りつけて、いつかこの絵を用いて授業を創ってみたいという願いが心の底に溜まり続けていました。

西郷先生の全集第九巻の「虚構の作文指導」以降の授業実践事例と作品を拝見したときは感動しました。大河原忠蔵先生の『状況認識の文学教育入門』所載の学生さんの文章にも同じような衝撃を受けました。

文学の魅力を存分に研究され、それを客観的に踏まえて語られる先生方から直接指導を受けられた現場の先生方や学生さんたち生徒さんたちをうらやましくも思ったことでした。

(3) 虚構（創作）するということ

江戸時代、浄瑠璃・歌舞伎の実作者近松門左衛門が、『難波土産』で書き残し、後に、「虚実皮膜論」と呼ばれる芸術論があることをご存じかと思います。該当部を引用してみます。

「芸といふものは実と虚との皮膜の間にあるもの也。（中略）虚にして虚にあらず、実にして実にあらず、この間に慰が有たもの也。それ故に画そらごとゝて、其像をゑがくにも、また木にきざむにも、正真の形を似する内に、又大まかな所あるが、結句人の愛する種とはなる也。趣向も此のごとく、本の事に似る内に、又大まかな所あるが、結句芸になりて人の心の慰みとなる。文句のせりふなども、此こゝろ入レにて見るべき事おほし。」

（『近世散文集――評論』三友社出版）

「芸術」の魅力は、目に見える皮膚（事実）と目に見えない膜（虚構）との間にあるもので、この現実に似せながら大ざっぱな表現やせりふで表現するからこそかえって観客が賛美し、その心もちで見るところにあるのだ、ということになりそうです。「虚」の字を含む「嘘」や「虚偽・虚言・空虚」などという熟語成立の片棒を担いでいるものだから、虚構を「ウソ」とか「無い」ことと決めつけてしまいがちですが一考を要します。イメージするときは、「実」の対義語は、「虚実」という熟語が示すように「虚」という漢字が該当します。彩り豊かな「実」とモノクロの「虚」を対応させると腑に落ちそうです。

『新明解国語辞典』から引いた「虚構」の辞書的定義を記します。

きょこう【虚構】［文芸などで］事実そのままでなく、「作意（＝作品の製作意図）」を加えて、一層強く真実味を印象づけようとすること。フィクション。

「作意」は「作為（見せかけのために手を加えること。こしらえごと。）」とは字が異なります。また、「作意」には、別に、「（よからぬ事を）何かしてやろうと思う考え。」という説明もあり、確かに誤解を生みやすい漢字熟語です。「虚」について、白川静先生の『字統』（平凡社）に、「虚」は、「老荘の思想において、実の否定態として、実を可能ならしめる原理としての意味をもつ」と書かれています。また、『字訓』（平凡社）には、「むなし」と読んで、「聖所のあとを虚という。すべて実体のないことを空・虚といい、……」と記されています。「構」は、「木を組み合わせること」を意味し、『字訓』には、「かまふ」と読んで、「組み合わせてものを作ることをいう。」と説明されています。

昭和時代の新聞紙面にはモノクロ写真しか掲載されなかったけれど、それを拡大鏡で見ると、数え切れないほどの小さな丸い点が像を浮かび上がらせているのだと知った時は心底感動しました。その一つひとつの●点からは、すべての生物の存在を支える細胞が連想され、影に当る黒い点の集合体が平面的な「正体（生体）」を造形し、その離散は、「未生＝往生」を象徴するかのようでした。

更に連想を拡げれば、白昼、私たちの感覚で把握できる彩りの世界が「実」であり、灯りがなくて目で見えず、音も聞こえない世界が「虚」だとイメージすることもできます。また、眼前の実在を感覚的に認識でき、蠢く全生命体のありさまを「実」とすれば、それが存在する前と後の世界を「虚」と置きかえ、鑑識しがたい土中、水中、氷中、夜間等に在って、実の世界を支え、そこから多様な物事が生成し埋没し続けていると想像し、組み合わせて創造する、この一連の創意をまさしく「虚構」と言うのでしょう。

少々衒学的になりましたが、「虚構」世界のあり方を比喩でこう説明すると理解しやすいのではないでしょうか。「虚構」は、「未然の組み合わせを構想すること」——であればこそ主体的であることが肝心です。

現在、世界で１６００万部以上発行されたという、ユヴァル・ノア・ハラリ氏の『サピエンス全史』（柴田裕之訳／河出書房新社）の表紙の惹句、その初めの部分をそのまま引用してみます。

「アフリカでほそぼそと暮らしていたホモ・サピエンスが、食物連鎖の頂点に立ち、文明を築いたのはなぜか。その答を解く鍵は『虚構』にある。我々が当たり前のように信じている国家や国民、企業や法律、さらには人権や平等といった考えまでもが虚構であり、虚構こそが見知らぬ人同士が協力することを可能にしたのだ。」

同書の第一章末には、こう書かれています。

「サピエンスの成功の秘密は何だったのか?」「最も有力な答は、その議論を可能にしているものにほかならない。すなわち、ホモサピエンスが世界を征服できたのは、何よりも、その比類なき言語のおかげではなかろうか。」

さらに第二章では、人の身体を持たない有限責任会社「法人」プジョーの存在を例としてあげ、「想像上の現実(=虚構)は嘘とは違い、誰もがその存在(世界中の従業員20万人を超える大企業『プジョー』の存在)を信じているもので、その共有信念が存続するかぎり、その想像上の現実は社会の中で力をふるい続ける。」「……効力を持つような物語を語るのは楽ではない。難しいのは、物語を語ること自体ではなく、あらゆる人を納得させ、誰からも信じてもらうことだ。」

と述べています。「虚構」の特性を余すことなく示しており、とても理解しやすい説明です。

その人間中心の歴史の最先端にある現代社会で、世界的にもっとも深刻かつ大きな課題となっているのは、「虚構」の象徴的存在とも言えそうなメディア報道の信憑性の問題かもしれません。

メディアは、「真実を伝える」という信頼感に支えられて発受信されてきたはずですが、今日ほど機器が固有化・高度化・高速化されたまま、思想や社会問題に及ぼされると、間違いなくプロパガンダ(=特定の思想・世論・意識・行動へ誘導する意図を持った行為)として喧伝されかねません。

虚も実もそれ自体、元来対等な概念だと考えられます。あえていえば、「虚構→実現→虚構→実現……」という流れで眼前の状況を覚めた感覚で捉え、構想を構図に代え、実を結んでいくことだと認識することが虚構の要諦です。「虚」は「無」でもなければ、「偽」を示す概念でもありません。「心的過程」を思い巡らすという行為は、「真偽」を見極める際にも有効な手だての一つです。信じきるとか疑いきるとかではなく、「言語主体」として「場面」に臨み、「素材」を言語に置きかえて客観的に吟味することにより誤った情報を批判的に修正する行為だということを意味しています。「虚構」は数字・記号を含む図や言葉で組み立てられます。街や国や契約等も虚構の産物です。大勢の人々を巻き込み説得するには言葉がいる。虚構である言葉が虚構を支えている構図です。

情報メディアの悪意に立ち向かうには、主体性をもち人権や社会正義を虚構する意思や志をもつ者が、一人ひとり手に筆をもち、事実を言葉で記し、誠実に本音を発することから始まります。

地上の全生命が共生するための壮大な物語も、銘々が主体として提唱することから今日まで継承されてきました。その時々の提唱に、これこそ最善と反応し、行動した個々人の命のバトンのみが今在る私どもにつながっており、私たちもまた、メディア情報の最前線で敏感に反応し、選択し、悪意を排除しながら未来の歴史に参与していくのだという認識を殊に忘れてはならないでしょう。

劇場型の虚構では、表現主体の心情、演者や人物のキャラが、臨場感とリアリティを醸します。『久世塾』（平凡社）には脚本家内館牧子さんが語られた講演記録として、こう記されています。

《キャラ作りには一番時間をかけ、どんな生まれで、どんな性格で……などと考える。シナリオ学校で『履歴』がキャラだと言われたがその作り方がよく解らなかった。あるとき、それに気づかされた。例えば、ヨシコがヨシオに「別れよう」と言われた。そのとき、ヨシコがどういう反応をするか、というのが、キャラクターづくりのための履歴である。何かに遭遇したとき、全部そのキャラの反応の仕方に戻れば破綻が生じない。そこから数々の台詞が自然に出てくる。》と。

「反応」とは「働きかけに応じて起こる相手の動き」のことです。「反応」は、相手の言動を意識し認識する心的な心構えのくり返しにより個性として身についています。だから名優は、人物の「反応前後の心的言動」から筆者の虚構した「場面」を読み解き、ブレなくキャラを演じきれるのではないでしょうか。虚構の世界では、その物語の中で展開する、人と人との関わり方の変化、言葉による心情の変化こそが、表現しようとする主題（発信者の本当に言いたいこと＝本音）に直結しています。

第五章　「絵物語を作る授業」のあとさき

1「絵物語を作る授業」について

作家佐野眞一さんの作品には、取材の手法について啓発されることが少なくありませんでした。なかでも、宮本常一さんの足跡を追った『旅する巨人』と「無着成恭と教え子たちの四十年」と副題された『遠い「山びこ」』（いずれも文藝春秋社）の内容が、読後、特別に印象深く残っています。

今、この原稿を書こうとして、再度『遠い「山びこ」』と『つづり方教育について』（むぎ書房）、『生活綴方成立史研究』（中内敏夫／明治図書）の3冊を書棚から引き出し、再確認しています。というのも、山口県の高校教員として水産高校に着任したときから、その成果や内実も知らずに、表現力を高める手だてとして「生活綴り方」をカリキュラムの中にぜひ織り込もうとしていたからです。

1970年、無着成恭先生は『続・山びこ学校』を「むぎ書房」から出版しておられます。「生活綴り方」と言われて、当時の私が知っていたのは、学生時代に教職必須科目で小耳にはさんだ無着先生のお名前と『山びこ学校』という作品名のことだけで作品を読んだこともありませんでした。

山間の中学校に臨時的任用で雇用されたころ、『続・山びこ学校』という書名をたまたま見つけて購入していたものを今回改めて読みました。その「あとがき」で『山びこ学校』公刊以降にあったことについて無着先生が記しておられることを拝読してみると、驚かされることばかりでした。「あとがき」の要点のみ引用し、掲載させていただきます。

①「子どもの作文集（『やまびこ学校』のこと）を発表（出版）するのが、ぼくの教育観をみなさんに伝達するもっともいい方法だと思うのです。」
②「子どもの作品は教育学的な研究データを差し出す、つきせぬ宝庫だと言えるわけです。」
③「教師としてのぼく自身はこの『山びこ学校』を戦後の生活経験主義的な教育の所産であるとみてます。」
④「ぼくは『社会科でもとめているような、ほんものの生活態度を発見させる、ひとつの手がかりをつづり方にもとめて』子どもに作文をかかせたのでした。つまり、子どもたちが自分の、そして自分をとりまく人びとの生活を観察し、考えあって、行動まで発展させていくための素材として作文をつくらせたのでした。ぼくの社会科は、すべての子どもが自分たちの生活を正しく認識するためであり、生活を正しく認識すれば、そのさきはおのずから問題解決の方向が出てくるはずだという仮説のもとでおこなわれたわけです。」
⑤成績のいい子どもたちは、たしかに現実を深く見つめ、それを文章化することで、自分の生活現実を客体化することができました。（ところが、社会的な）問題を解決するためのもっとも

基礎的な、科学的な知識と技術・方法をおそわっていなかった子どもたちはなにもできなかったのです。こうして、ぼくのつくった『山びこ学校』は生活指導であり、道徳教育の一種ではなかったかというつよい反省が頭をもたげてくるのです。

以上のことを総括して、「もし、教育というものが子どもたちの、現実にたいする経験的な認識から出発して、発展の法則の理解を通過しながら、未来へのビジョンを理想像として獲得させることがあるとすれば、このような教育の『山びこ学校』はまさしく出発点であったわけで、そういう意味では、ぜったいにまちがっていないと、いまでもぼくは確信しています。」

⑥「（それは、）国語科と結びつけてもいえます。国語科でぼくが農民文学の作品をよんでやらなかったら、おそらく江口江一君や上野キク江さんの作品などはできてこなかったでしょう。つまり、子どもはよみ方指導のなかで文学の目をやしなっていたから、あれだけの人間の観察と描写ができたのです。しかし、ここでも僕の指導のし方に問題をみないわけにはいきません。」

「（生活環境によって、悲劇的なできごとが起こるべくして起こったとします。）この悲劇を子どもがていねいに観察して、記述したとすれば、子どもが意識しようと、しまいと、作品は必然的に生活現象の本質をさしだすものになります。こうして『山びこ学校』の作文はあたかも文学作品のごとくみられはじめます。実際そうだったのです（※として、石井敏雄君の次の詩を提示されます）

〈雪がコンコン降る。人間はその下で暮らしているのです。〉

（えらい人が高い評価をするけれど、）作者（石井君）は自分がこしらえた形象の意味がとんとわかってはいないのですが、作品は一人であるきます。この中間にたって、教師であるぼくは、いったいどうしたらよいのでしょうか。そのときのぼくはどうしたらよいのか、さっぱりわからなかったのです。こんな事情で、ぼくはどうしてもつぎの段階に進まざるをえなくなったわけです。その次の段階というのが『続・山びこ学校（明星学園小学校での実践）』です。」

佐野さんの『遠い「山びこ」』は、無着先生が故郷山形県の山元中学校で行った実践記録の成果物（生徒作品集）『きかんしゃ』を元にして生まれた『山びこ学校』（青銅社）にまつわるさまざまなあとさきの経緯や卒業した教え子たちのその後を逐一追跡してノンフィクションになさった労作です。

同書には、無着先生がどういうふうにして子どもたちの書く意欲を引き出し、どのように呼びかけ、話しかけて学級の子どもたちをはげまされたか、どれだけ打ち解けさせ、ユーモアたっぷりに包み込んでこられたかがありありと記されています。また、具体的な指導場面をこう記されます。

「接続詞を使って短文を作る勉強では、自分が何をいいたいかはっきりわかっているか、ただしい言葉を使っているか、優しい言葉を使っているかを、三つのポイントとしてあげ、①のみならず②そこで③しかしながら④しかし⑤つまり⑥したがって⑦けれども⑧また⑨その上⑩及びの十の接続詞の使い方が、具体的に指導された。」

「ここで無着は単に文章技術を教えるだけではなく、わずか二十文字程度の短文にも、毎日の生活が入っていることに注意をむけさせた。そして、その例として江口江一と佐藤藤三郎と川合定義が作った短文をあげた。……」というようなエピソードがふんだんに記されています。ご案内の方も多いと思いますが、『山びこ学校』が公にされ、全国的な評判を得るようになってのち、無着先生は石川啄木のようにふるさとを後にし、東京へ行ってしまわれました。

長い前書きになりましたが、「生活綴り方」のもつ特性が交々書き記されていると考えて引用させていただきました。「徹底したリアリズム」は、あえて申せば、義務教育段階において、具体的でわかりやすくありありと書く力をつける上で他に類もないほどの手だてを含みもっています。ただし、そこでは、無着先生のように磊落なお人柄で子どものために自分の時間を惜しみなく割いて授業に情熱を注げる人の指導が必須であり、常に作品を包み隠さず公開できる学級であることが大前提になります。

なぜなら、「生活」をリアルに書けば書くほど家庭内の事情があからさまに透けて見えるようになってしまいます。生活綴り方の実践者でもいらっしゃった遠藤豊吉先生に「生活綴り方」の本質についてうかがった際に、先生は「徹底したリアリズムと作品の社会性です」と教えてくださいました。

もし、かように「作品の社会性（公開によって、課題を共有すること）」が求められるとすれば、子どもや孫に書かれた家族の複雑な思いにどう対応すればよいかという課題が必ず後に残ります。

さらに敷衍して申せば、高校生の成長段階において、右に述べたような課題を克服することは至難の業に感じられました。プライバシーの侵害という障壁に必ずぶつかることが懸念されるのです。

結局、私は生活綴り方の方向には直進せず、諸課題を克服する方法として「虚構」を意識した表現法を目論み、滝平二郎氏の切り絵を用いて絵物語を作成させ、表現力をつける方法を試みました。

そもそも、言葉自体、人間にとって最大最高の虚構的産物です。ことばという「虚構の産物」を用いて、人間は自然界の万物をモデルにした創造物を有史以来作り続けてきたのだとも言えます。

申し添えると、個々の人間は、個人として棲息すると同時に社会的な存在としての位置づけをもち、言葉を操り、四肢五体を動かして、他の生物が行うすべての行動や特性をみごとに擬似化してきました。さらにあらゆるものを新たな人工物として全人類のもとに受け入れさせてきたということを前提にするなら、「創作」もしくは「虚構」という手だてを用いて表現する力を培うことは実に有効で、不十分な条件の中でも十分リアルな文章表現が担保できることに気づかされるのです。

2 なぜ、滝平二郎氏の切り絵を用いたか

私にとって、日曜版に描かれた滝平氏の切り絵世界が私の生まれる前後の故郷の風景に似ており、当時、県外の高校で日々の諸業務に追われ、悪戦苦闘していた私の心を和ませて離さなかったのが理由です。日曜日ごとに届く朝日新聞日曜版を切り抜き、故郷の優しかった人々一人ひとりに似た顔を絵の中に発見しては、ふっと人心地を取り戻したことでした。わずか1年でこの学校を辞職した私がこれだけはと思って持ち帰ったのは、この切り絵の切り抜きでした。今回、実践当時の思いを改めて振り返り、推定しながら申し添え、できるだけ平明に説き明かしてみようと思います。

①当初、「生活綴り方」の方法を高校生に試みようとしました。ところが、水産高校で出会った子たちの語彙は比較的少なく、書くことを忌避する生徒もいました。短い文を書くときであっても、目の前に事例や書くべき糸口となる素材が見えない条件の中では、だれであっても至難の業であることには共感できます。書くことというのは、書こうとするから書けるのだと今の私は断言します。恋文でも依頼文でも日記でもよいのですが書こうという前向きな思いもないのに書く人などそういるものではありません。目の前に書く材料がなく「空白の状況」から初めの一語を絞りだすことはだれにとっても難しいことです。ならばどうするか。目の前に絵か写真か、何かから目に見える一語を引き出す手がかりを与えるのが次善の策だと思いました。そこに見える物事の有様をひとつの言葉にし、切り絵の中の人物を動かしながら話を紡ぎ出せばよいはずです。

②滝平氏の切り絵自体に魅力がありました。切り絵では濃くて太い黒い輪郭線が現れます。滝平氏の切り絵の人物の目の先にあるものが、総じて明確に描かれており、視線の先を追えば心の様子も少しずつうかがえると推測しました。後に日曜版掲載の切り絵を主に7分冊の切り絵集が刊行されました。そこには、きちんと絵の題と若干の説明書きが添えられています。切り絵作家の意図や絵の中の物語は、それを手がかりにすればおおむね理解できると考えました。

③切り絵は、35名の生徒それぞれに全く異なる作品を渡すべきだと考えました。所与の絵を起承転結の「転」または「結」の部分の絵として位置づけ、自分の想像力でそれぞれの絵に描かれている表情や手や足や視線などを手がかりに各部分部分の絵柄をときほぐし、その事態に至る

までの経緯を前後の場面として想像させます。それぞれの人物の時間の流れに沿った場面を想定し、一つの話の流れを4枚続きの絵で思い描かせ、粗筋を短いメモにして物語を構想させました。

④学生時代の終わり頃、「無意識」「コンプレックス（複雑な気持ちという意味）」という心理学的用語が気になっていました。生徒の心の中でうごめくいろいろな思いや感情などを見える絵柄の人物の言動で代弁させ、小さな物語に仕立ててさせてみようと思いつきました。自分と他者の心の動きや変化に関心があったのでしょう。河合隼雄先生の書かれたユング派の心の世界のとらえ方に興味を抱き、見えない心的世界を形の動く物語に仕立てさせてみようと考えました。

⑤卒論は、故郷の方言における「であります」「ておいでます」など文末存在表現を素材に書こうとしていて、指導教官東辻保和先生のお勧めにより『国語と国文学』に掲載された時枝博士の論文をよく読みました。博士の論文を心底理解し得ていたとはとても言い切れないのですが、言語過程説の根幹にある、「言語は、話手、書手の表現活動（表現行為）そのものであり、また聞手、読手の理解活動（理解行為）そのものであり、音声や文字を媒介として思想や感情を表出、解釈する過程である」というとらえ方は納得でき、教員になった後もずっと心に留まっていました。それならば、文章も虚構させれば、標準語だけでなく、普段の言葉遣いで表現できるし、自分が書いた文章を自分で読み直し、調べ直して自力で修正するようにすれば、相手の理解力に準じた書き方を工夫したり、書くことへの抵抗感も減ったりするのではないかなどと、漠然とながら、「切り絵」に向き合った物語創作に取り組ませてみようという授業案が少

しずつ固まり始めました。

⑥考えてみれば、自分の文章や話し言葉を自分で分析し、後で修正するのは当たり前のことです。私自身、他人の心の裏表をも経験的に見透かすような年齢になっていたし、人の裏腹な言葉に戸惑うこともありました。まずは、心のおもむくまま自在に書いてほしい。そのあとで、口癖や自分の用語や語彙特性から書き方全般に至る〈言葉と自分の心情の関わり＝心的過程〉を少しでいいから考えさせてみたいと思いました。いわば、表の自分を支えている「裏」の有り様、普段見せない心と自分の生活上の言動や振る舞いとの結びつきを少しでいいから見つめさせてみたいと。

⑦さらに、絵を通してなら、どの生徒にもなんとか書けるはず。しかも、自由自在に書けば書くほど作品の中に各々の表現を知らず知らずのうちに拘束しているクセ（文体）がにじみ出ているはずだと思いました。その自分の言葉遣いを、読者の存在も意識して、より精確な言い方へと修正していくという自己添削の手だてが実践ができはしないかなど様々な着想を思い巡らしました。

3 具体的な授業の進行過程

■一時間目

講義方式で、腕のよい板前が、どのようにして良質の材料を仕入れ、おいしい逸品料理をいかに美しく完成させるかという話をし、具体的な作業の進め方を説明しました。

質のよい材料の仕入れ方――絵物語創作の「舞台装置と脚本の下ごしらえ」――について、当時の私には、喩え話のストックが貧弱で調理についての最適な話材などもちあわせていませんでした。後年雑誌『致知』の中で、志摩観光ホテル元総料理長高橋忠之さんが語っておられた対談を読んで感服しました。作品を書く際に、新鮮な材料を集め、読み手を意識して感動させようとする書き手の心得を伝えるなら最適な話材になると感じ、今さらですが私の要約文を紹介させていただきます。

調理場は治外法権の世界です。当時は、十五歳でも朝から晩まで働きました。結果としてそれが良かったと思います。一番初めに、「してはいけないこと、しなくてはならないこと」を自分で考え、体得していきましたから。一流の食材を使って一流の料理をお出ししなければ、せっかく志摩まで足を運んで下さったお客様に申し訳ない。その一心でした。

（フランスに行ってみると、）私が「これがフランス料理だ」と信じてきた料理は全然違っていました。例えば、野菜スープでも、野菜を煮くずしてただコンソメを入れただけ。それだけなんですが、野菜を育てた大地の味や太陽の恵みが感じられる。いままで自分が丹精込めてつくってきた料理は何だったのかと愕然としました。たとえ隣接していたとしても地方地方でその味が全く違う味なんですね。これらの経験を通し、料理とはまさしく太陽、土地、水、海、人の暮らし方次第だと気づかされました。もう一つ痛感したのが、古典の勉強の必要性です。西洋料理には世界史の勉強も必要なのです。帰国後、十五歳から毎日欠かさずつけてきた日誌も全部捨てました。

　お客様を迎えるにはちゃんとした舞台装置と脚本が要るんですよ。その三つがさりげなく出せるには、やはりちゃんとした哲学と思想と信念がいります。サービスとは、理解ある無干渉が定義だと思っています。小原國芳先生はある日、こう言われたのです。「人間として最も大切なのは真・善・美です。料理は芸術ですから、作り手の人間性が反映されます。だからまず自分自身を磨きなさい。」と。自分で考えて表現していく仕事は、自分で志を高く立てて生きていかなければならない。結果的にそれが一つの作品を生み、私の人生をつくり、こういう立場を頂戴できたのかなと思っています。

　営業戦略は前からもっていましたから、それを実践するのみと思っていました。私の経験からいうと、「自分は料理長になりたい」というやつはなれないんですよ。自分が料理長になったらこうしよう、ああしようというプラン、それも長期、短期で具体的な数値目標を常に持っていなければ、やはり上司も「やれ」とは言ってくれません。おいしい料理は手間暇かけてと言いますが、結局手間暇かけすぎてまずくなるのがほとんどなんです。

　私は、料理は学問であり、芸術でありサイエンスだと思っているんです。学問は知識の集積であり、芸術というのは技術完成の錬磨です。それに基づき、温度と時間と分量を正確に量る力を持っていれば、世界共通のフランス料理はほとんどできます。

　美しいと感じる能力、美しさを知る能力ってありますでしょう。これを持ち合わせていないと幸せにはなれないですね。音楽でも絵画でも彫刻でも、あるいは自然や人との出会いでも、感じる力がなければ私はダメだと思います。一流になりたければ超一流に触れなければダメだと思いますね。一流からは二流しか学べない。やっぱり世界の超一流になる意気込みがないと一流の仕事はできません。そのためには絶えず勉強するしかありません。

『致知』（２００５年1月号）

記事のうち、高橋さんが語られた言葉の大筋をゆがめないように留意してつなぎ、右のようにまとめさせていただきました。高校卒業後すぐに働くことが予定されている生徒の多い学校では、その就業後のきびしさとともに、技術習得の喜びや社会人としての矜恃のようなことについても、進んで資料を漁って保持し、折々話したり文章にしたりして紹介することも大切なことだと思います。目の前を過ぎていく時間は、油断すると、音もなく一瞬一瞬、すり抜けていきます。与えられた時間の中で、手や体や頭が刺激され、生徒が手や口や耳や目や頭や心を働かせる学習内容を意識的に選んで、授業の事前準備を怠らないことが求められます。不明な言葉は必ず辞書を引いて確かめ、文章を視写したり一緒に読むなど、心をたえず活性化する試みが国語には必須です。

今の時代、ワープロで打った美しい印刷物を配布できます。複写や文書処理機器の発達により処理能力は格段に高度化しています。仕上がりも公的な印刷物と見まがうばかり。指導する立場にある者が、費やせる自分の時間を受講者に惜しみなく差し出せば適うことばかりです。表現作品で生徒の個性を見抜き、最適な助言を工夫すれば、指導力向上の実感も伴いやすくなります。

■二時間目

『朝日新聞』の日曜版に掲載された滝平二郎氏の切り絵作品に、他の紙を貼りつけて裏打ちしたものを個別に配布し、絵の中に見えることを随時短文に置き換えさせました。

T　「今、手渡した絵を見て、ザラ半紙に『いつ・どこで・だれが・なにを・なぜ・どうした』のかを一人ひとりの人物について、短い言葉で整理して書いてみてや」（と言って、次のように板書しました）

いつ	季節・月日・何時頃	自然や背景にあるものを一つずつ具体的に整理する。
どこで	どの地方・どんな場所	天候や方言や風物。今ここで周囲にみえるもの。
だれが	一人一人に命名	時代背景・家庭内事情・家族構成に配慮して。
なにを	事件	絵の中から中心の素材を発見。
なぜ	疑問	絵の中から一つの「なぜ」を探し、自分の解釈を示し、そう考える根拠をおさえて一文にまとめる。
どうした	方法	思いがけないなりゆきを展開してしめくくる。

※時間をゆっくりとり、キャラクターに名づけ、人となりを添えて、主人公を決めます。
　切り絵全集があれば、滝平氏が記された主題とコメントを紹介するのもよいと思います。

T　（生徒が整理しおえたころを見計らって）「その絵を見ながら、『話のとっかかり』、『なりゆき①』、『なりゆき②』、『なりゆき③』、『事件や大きな出来事（切り絵の場面）』、『問題の解決と締めくくり』を大まかでええから一、二行の文にしてノートに書いてみて」

※実践当時は、実施していなかったけれど、次のような表を用意しておき、「転」に当たる切り絵に該当する文を思いつくまま書かせるとよいし、与えられた切り絵を見るときに、黄金律で切り抜いた黒枠の厚紙ファインダー（２１９頁参照）を用いて、絵の部分部分を枠内で捉えると、書き残す部分と捨てる部分の弁別がしやすくなります。こうした光景の中心部分を浮かび上がらせたり、対照的なものごとを見つけ出したりする上で「切り取る窓のような枠組みの使用」は効果的です。

起	承	転	結
	① ② ③		

＊以下は『いひたいことにつき当たつて』（松金進／国土社）再掲部分と重なっています。

P　「せんせ、書くことないわーの」

T　「ある、ある。いっぱいある。書くことがなくなるような切り絵じゃぁない。まず目に見えるものがあるじゃろう。そこに見える様子をそのまま描ききってみる。〈空はまっ青だった。〉でもええ。曇りと晴れで人の気持ちまで変わってくるんでね。人物に名前をつけ、キャラクターが動き出すように、人形使いみたいにしてその人物を動かしてみ。紙芝居じゃあなしにアニメーション。その絵の前にもう一枚の場面を思い浮かべて中心人物とその相手のやりとりを想像した絵を思い描く。メモが書けたらその絵の前へ前へとさかのぼってことの始まりを書き込み、最後に『結』の場面の絵柄を想像してメモしてみ。できたら、素直にその場面の主人公になりきってみるとええ。『ぼく』や『わし』や『おれ』や『ごんぞう』（笑い）になりきってみるとええ。そしたら、いろんな音がこえてくるじゃろ。何かがにおうてくるじゃろ、何かが見えてくるじゃろぉ。そうするうちに何かしら疑問もわいてくる。それをみな一、二行の文にして、いっぱい書くんよ。順序はあとから入れ替えてもかまわんのだから。表の中に書き込んでみ」

２０１０年から４年間、山口芸術短期大学で半期ごと非常勤講師を引き受けました。うち３年間は、デザイン学科専攻の学生さんを相手に、具体的には「絵本作り」をしました。完成までこぎ着けた学生は毎年半数程度でした。このときの経験を、もしあの当時の「絵物語づくり」に織り込めるとしたら、こんなこともできたのではないか……、と思うことがいくつも見つかり、後悔しています。

絵本作りでは、キャラクター作りをする際に、自分の「キャラ」を見つめ直し、自分がこれから書こうとする絵本の主人公に置き換えさせてみようと目論みました。絵本の中の主人公は動物でもよいということで、昔話に登場する動物たちに振りあてられた典型的な性格も別に一覧表をつくって配布しました。狐は狡猾で、熊はおっとりとしたお人好しなど、子ども対象の絵本などでは典型的な性格づけがなされています。さらに友人や家族など周りを固めるキャラクターも4者程度設定させるようにし、毎回キャラ絵の提出を義務づけました。

今後、物語を創るならきっと役立つはずだと思うので、【キャラ表】例を補足提示しておきます。

【キャラ表……空欄】自分をモデルに「創作キャラクター」を起こしてみよう。※松金創作例

項目	内容	項目	内容
名前	うめ（老婆の姿で誕生）	愛称	ばばんご
年齢	0歳※実母死去	性別	女性
家族構成	養爺・養婆・うめ	時代	江戸末期
住所	周防の国苦賀郡梅里村	夢	梅の花の里づくり
しごと	梅干し作り	趣味	梅干しづくり
特性	加齢毎に蘇り美女と化す	くせ	鳥と話す
容貌（顔かたち）			
行動規範	飢えや渇きや病にこまっている者を助けずにいられない。		
苦手	桜や西洋花……実を結ばない華やかな花木。		

特　技	蘇生の水を傍の薬草から作り出して与えられる。
課　題	一年に一度、村から出かけて姿を隠し大量の海の水（塩水）を飲み、うなされる。
反応特性	老女として生まれ知恵の塊のような反応が言葉でできるが成長と共に平凡になる。
こだわり	かつて平地ですべて伐採された梅の木の里を復元する。
好　物	日当たり・水はけ・鳥の声。赤紫色の装い。
関係の作り方	家の周りにある梅の木に留まる鳥と言葉を交わし、鳥づてに人の苦悩を知り、解決の処方を鳥づてに知らせる。実母はうめの妊娠中食事をとれず梅干しばかり食べた。
個　性	梅の精であるがゆえの度の過ぎたひかえめ。

※自作（切り絵）に登場する人物（最大6人分が書ける）用紙を配布する。（↓宿題とする）

【物語展開上の四つのポイント】※以下は、芸術短大での絵本作りの際気づいたことです。

◇一番大切なことは語らないで、気づかせること。一番大切なことは伏せておくこと。読み手に一番思い巡らしてほしい大切なことは読者に語らないこと。これは授業と同じです。生徒が自身で全感覚をフル稼働させて気づくという過程を織り込むと、全体の流れの中で不自然な欠落部や誰かの思い込みや矛盾が紛れこんでいることを発見でき、関心を高められます。

◇日常的な問答・会話の場面を観察・聴聞し、近所のおじさん・おばさん、子どもの男女、若者の物言いなどが具体的に、「どういう言い方」で、「どう応え」、「どんな動作、表情をしているか」綿密に収集し、資料としておくこと。リアリティは、問答の文言や言い回しで図らずも演出できます。

例えば、若いときから仲間と汗を流しながら現場で働いた人たちは「なぜ」をあまり使わない。使うと関係がこじれるから。違和感が芽生えたら、間をおかず「どうしたんか？」とか「何があったんか？」と訊ねます。この問いの答えは「○○が◇◇したから△△しよる」が基本形。彼らは情報通の学者ではない。この問答には、問いかける者の人間的な心遣いが感じられます。更に誰がどうとでも応えられる間が空いています。生きた言葉が人々を物語に誘い込みます。

◇「もし」と予想してみる。目的地にたどり着く道は一本だけではないし、ない場合もある。「もし」のあとに蒔く種は、いつもの自分の考えとは逆だったり、「～たい」、「～てほしい」という思い切った願望や虚構にすると、それまで気づけなかった可能性と登場人物を増やせます。

◇伏線を張る。何かが起こりそうな予感の部分は短く自然に淡々と書いて隠す。物語の発端・解決の手がかり・書き手のメッセージは探り当て掘り出せるような目印を少し施して隠すこと。

【具体的な問答の情況観察】問答事例「ねえ、みてみて」への対応の仕方で情況は大変貌する。

立ち位置	①自分から何かをもって近づく。	②自分は座ったまま他者を迎える。
相手の動き	①「何々？」とたずねて近づく。	②座ったまま何も応えず、無視する。

「何」をか	①教室の花の中にいたアブラムシ。	②昨日買ってもらったスマホ。
	③自分で描いた自慢の絵。	④授業で今から使う教科書の絵。
反応	①他の人の動きをみる。	②だれの呼びかけか確認する。
	③すぐに対応の動きを見せる。	④時と場所を確認して対応を思い巡らす。
場所と対象	①教室内で放課後残った十数人。	②教室内で放課後残った同性の子数人。
	③音楽室で練習中のブラス仲間。	④幼稚園で保育実習中の園児。
声のこと	①大きなダミ声。	②蚊の鳴くような小さな声。
	③歌うような明るい声。	④切り裂くような鋭い声。

他にも様々な項目想定が可能。①〜④のどれを選ぶかで場面や人物の性格まで浮き上がります。虚構作品を彩るのは情況描写や人と人との会話です。会話の言葉の運用次第でその場面や舞台がリアルになり読者や観客を引き込みもし、違和感を抱かせ流れを留めてしまうこともあります。映画やドラマを数多く視ていると次にどんな台詞が飛び出すか先読みできるようになります。いつ・どこで・だれが・だれに・なにを・どのように・かたり、相手がどう聞き、どういう反応をし、どう応えるか、またその時々の場面が全体の流れの中でどう活性化されていくかは、情況と「言語主体・場面・素材」を右に示した事例のように綿密に分析して台詞に仕立てていく必要があります。

■三時間目

短文を重ねて物語を構成させました。ただ一つだけ、自分のいいたいことをしっかり書き込むこと。できれば、話の盛り上がる（読み手が感情的に昂ぶる）山場を一つ用意して、終末を落ちつかせること。「ヤ・オ・イ（山・オチ・意味）」の三要素だけは意識して盛り込むようにと助言しました。

初めのうちは、がやがや言い交わしていたけれど、やがて静かになり、とにかく楽しげに作業していました。「作業していた」というのが正直な感想です。これほど静かで落ち着いた国語の時間を味わったのは、水産高校に赴任してから初めての体験でした。

当日、作品はＢ４判のザラ半紙に書かせました。詩や短歌や自由題の作品、例えば「忘れられないこと」など気持ちを解き放って書く作品は、基本的に罫線のない用紙を用いるようにしました。

当時、私は27歳。20年後に勤務していた学校で生涯学習講座を開いたときにも、13名の成人受講者対象に絵物語作成の授業を行いました。退職後、山口芸術短期大学で3年間、「絵本」作り講座を開講した時に、物語作りには相応しい原稿用紙を創るべきだと考えました。

修正に意味をもたすことができるので、今ならこういうＢ４判用紙を準備することでしょう。

＊（空白）下の助言に従い、生徒が後で自己修正していく

＊生徒（受講者）作成物語の初稿（破線の左側に書くこと）

導者の助言欄（表現意図を訊き、示唆に留めること）

私は、生徒たちが三年間の高校生活を送るうちに、できるだけ多様な表現を味わえるように、様々な表現形式を実践的に試みさせました。そのうちのひとつだけでも自分の心情を無理なく表せる形式に出会ってほしいという願いがありました。高校卒業後、就職したり専門学校に進む生徒が多かったから、二度と経験することなどないと思われる川柳や家族への聞き書きや俳句、短歌、詩作など。小論文はもちろん、実用的な文章、手紙に民話づくりなども。後で記すように1年間を通してすべての時間に表現の時間を配当したこともあります。そうして、気づかされたのは、生徒になにかを書かせる授業では、罫線の引き方ひとつにも、ひと工夫がいるということでした。

例えば、俳句や川柳などを作る場合は、そこに用いられた言葉がどれだけ写実的にとらえられているかということがとても大切なことです。辞書で確かめたり、歳時記を引いて類義語や対義語を調べたりしたら、そのことを書き記す空欄を設定しておいたり、どうしても言いたいことが上手く言葉にならない場合、その理由を誰かに訊ねる文を書ける空欄なども用意しておくと、自力で状況を突破する助言もでき、疑問を解消する機会も大いに拡がるはずです。もちろん公的な課題作品の場合は、相応の正規罫線が引かれた用紙や原稿用紙を使用すべきでしょう。指導する側の心遣いや工夫で、生徒の表現力向上という課題の成果はかなり異なってきます。表現する力を本気でつけようと熟慮し、工夫や助言を加えたりしていると、指導者の私的な時間はどんどん消えていきます。
それでも当方の念いが届き、生徒が真剣に自分の作品に向き直り、気づいたことを修正して再提出してくれることは多々あります。密かにそれを喜べるのは国語担当者ならではの楽しみです。そのための小さな覚悟は必須です。待てばこそ、力作が出ることも少なくありません。

■四時間目

清書の時間に充てました。出来上がったザラ半紙をそばにおき、自分のノートに2行ずつ空けて文章を書き写させ、提出させました。提出作品を一つだけ掲載し補足説明をします。

「無題」　　　機関科　K・Y

①健作の家は農家である。②農家といっても耕す所はわずかしかない小さな農家で、収入も少なく、その日その日を生きるのがやっとという生活で、他の収入としては大きな農家を尋ね歩いては野良仕事を手伝い、その報酬としてわずかの金をもらい、それを生活費にあてていた。だから、健作も③よく親父といっしょに遠くの農家まで学校を休んでは働きに出ることが③多かった。

しかし、今日は大した仕事もない④のでひさしぶりに学校へ⑤出ることになった。でも帰ったらやっぱり家の野良仕事を⑥しなければならない。しかし、健作はそんなことより学校へ行けることの方がうれしかった。友だちと久し振りに会えるのが楽しみだった。「楽しそうだね」と⑦かあちゃんがいった。「とうぜん、みんなにあえるもん」と間をあけず健作の声が⑧かえってきた。すると、「学校が終ったらすぐ帰ってくるんだぞ。バカタレが。わかっちょるんか」と⑨親父のいやな声がこれまた間をおかずとんできた。「わかっちょるわい」とおこった口調で健作は親父にどなりつけ、とんで家を出た。

外では⑩姉がまっていた。健作はひさしぶりの学校に胸をわくわくさせながら、うれしそうに姉と走って学校に向かって行った。しかし、学校は健作の思っていたほどたのしくはなかった。学校についたとたん、「泥くさい！」「貧乏たれ！」などの連発をくらい、学校での一日は、まさに最悪の一日であった。帰りは行きと逆で、健作はだまったまま、姉がいくら話しかけても聞こうとは⑪しません。「はよ帰らんととうちゃんにしかられるよ」と言っても、「ああ」の一声で、聞こうとも⑪しません。健作は涙が出るのをこらえて思って⑪いました。なぜ家は⑫貧しいんじゃ。くそっ。帰ったら親父に聞いてやると。なぜ家は貧しいんじゃ。なぜ⑬泥くさいんじゃと涙でかすむ目を開けてみると、そこには⑭青草が風になびいていた。

◇滝平二郎氏の切り絵を配布したとき、男の子がお腹を押さえているこの絵を見た周囲の生徒がとんでもないことを口にしたものだから室内大爆笑。なるほどそれらしき状況も描かれています。

『滝平二郎きりえ画集五』には次のような先生ご自身のコメントが添えられています。

後悔先に立たず

行ってしまった夏休み、もどってこない夏休み、ついうかうかと遊び過ごした夏休み——かたづけそこねた宿題や、中途半端な図画工作、たまりにたまった日記帳、その日その日のお天気も、晴れて曇ってときどき降って、ちゃらんぽらんのまとめ書き——いずれにしても、もう手おくれの夏休み。つくづくと怠け心が悔やまれて、足どり重し。

その切り絵に、K・Y君が前述のように切り結んでゆこうとは、思いもかけませんでした。絵を生徒に見せ、K・Y君の作品を紹介していく過程でシンとした静けさが教室を満たしました。紹介した後、「オー」とか「すげぇ」とか、緊張が解けたような声が漏れ、温かい空気の拡がりを感じました。

■五時間目

別の3作品を読んで紹介し、個別に問いつきのノートを返却しました。

K・Y君の作品に対し、私は前記の通り傍線を引き、番号を添えて、後に問いを書き添えました。

①なぜ、「健作」と命名したのか。

②この文の長さは、どのような意図（思い）に基づくものか。

③使用法としておかしくないか。なぜこのような表現になったのだと思う？　どう直す？

④「ので」にこもる親と子の心情が⑨でよく表されている。ふだんの暮らしの中で「ので」などのような場面で使われているだろう？

⑤「出ることになった」では、健作の気持ちが充分表せるだろうか。学校に行くことを楽しみにしている健作にはもっとふさわしい表現がありそう。健作はだれの意志で学校に行くのか整理しておく必要がある。

⑥学校は健作にとってどういう場所？　健作の心をおさえつけているものは何？　親父？

⑦「親父」という言い方に対して、「かあちゃん」としたのはなぜ？　教えてほしい。

⑧健作の立場で書くならば、この表現でいいだろうか。どう直す？

⑨「いやな声」という書き方で、健作と父親の日頃の関係がうまく浮かび上がっていると思う。

⑩ふつう、友達が「ま」ちそうだが、「姉がまっていた」としたところはうまいと思う。

⑪なぜ、この部分だけ「です・ます体」にかわったのだろう。書き方を整理してみよう。

ひとつの文章の中に「です・ます体」と「である体」が同居するのは好ましくないとされているけれど、ここにだけ、それも3度繰り返し用いられている。そのように書いたわけがある？

⑫「貧しさ」とは何だろうか。君の考えを具体的に書いてみよう。健作の場合は、どこに原因があると考えるか、まとめてみよう。また、どうすれば克服できるのだろう。

⑬もともと「泥くさい」のが人間であった。健作以外の子どもたちは「泥くさい」ことのねうちや・意味を考えようともせず、どうして健作にそういう言葉を投げつけたのだろう？

⑭爽やかな風が到来する終末の表現は健作の心の中の風景を十分に言い表せているだろうか。

私が実践したのは27歳の時でした。後々、原稿を見直すたび己の未熟さを思い知らされます。質問が当を得ていなかったり、理不尽なところが幾つもあるのに気づかされます。なによりも、よくもまあここまで書いた、ということを心底ほめあげる言葉をたくさん添え書きすべきでした。ただ、生徒に、自分とは違う者の「ものの見方」を意識させ、自分の表現した言葉の「内実」を見つめさせ、確かめ、自分で修正させるという作業はかなり応用が可能だという実感も手にすることができました。当時、授業行脚を始められていた林竹二先生のおっしゃる「吟味」とは異なりますが、少しニュアンスの違う吟味の方法の一つとみなすことはできないでしょうか。自分で自分の作品をよりわかりやすくせり上げてゆく。それが師弟共に成長するカギではないかとも思いました。

この実践報告をはじめに評価してくださったのは、日置農業高校で当時授業研究会を主宰しておられた河南一先生でした。広島大学大学院で社会科教育実践の研究に勤しまれた方で、その分析力、表現力は実に論理的でした。この方のご提案により、それぞれの実践をもちより、『いちにん』という同人誌が作成されました。私の実践も掲載されたザラ半紙印刷製のこの冊子を河南先生はさらに広島大学の野地潤家先生の研究室にそっと送ってくださったようです。

４ 当授業に対するご批判

まもなく野地潤家先生より、評価のお言葉と同封された当時の院生前田真証氏が書かれた30枚に及ぶ批判のお便りをいただきました。野地先生のお便りの内、後記関連部分のみ転載します。

……受領しました「授業紀要」を、大学院の国語科教育専攻の学生たちに紹介し、その中の作文教育に関心をもっている院生前田真証に、気づきをまとめるよう頼みました。

本人は喜んで、受けてくれました。同封いたしました〈手紙文〉がそれでございます。

松金進先生のご授業からは、新しい国語科教育の胎動を感じました。しっかりした基本的な考え方にもとづいてご授業が組まれ、深い省察がなされているのに感じ入りました。

生徒さんの「物語」への問題点の指摘は最高水準のもので、もうすこしじっくりと構えて、「生活文体」創造の足場を築かせ、意欲を燃えたたせる方向で考えられては……と存じました。院生たちも大きい啓発を受けました。およろしくと申しております。

「授業紀要」とは名ばかりで、ザラ半紙に印刷された原稿を載せた同人誌『いちにん』の用紙は今や茶色に変色し、満足に読みとることもできません。それをご覧のうえ、ご自筆で書かれたお便りの文字や書面からは、野地先生のお人柄やこの道におけるご造詣の深さ、細やかなお心づかいがいくつも拝見できました。お便りの随所に「く」が書きこまれ、再度読まれて点検の後、封をされたご様子などご配慮がうかがえました。例えば、「国語科教育専攻の学生に」と書かれた後、「学生」の下に「たち」を書き添えていらっしゃいました。しかも無駄なお言葉がまったくないのです。

当授業記録はその後、当時神戸大学にご在職中の浜本純逸先生のお心遣いで、『文学教育基本論文集（3）』（明治図書）に再録していただきました。地方の学校で細々とつみあげた若輩の実践に対する碩学のお言葉がどれほど励みとなり、元気をいただけたことか計り知れません。

次は、前田真証氏のお便りに対して、現時点で、要件のみ整理してお答えを試みたものです。

★問①　生徒たちの「精神内部に横たわる生活文体」を分析し、「豊かな生活文体」をつくる、という目的と、滝平二郎氏の絵を見る、ということが、どうつながるのか？

□答

書くことへの抵抗感をどうしたら払拭できるかというのが一番のねらいでした。高校とひとくくりにしてとらえるけれど、当時、専門高校を揶揄する言いまわしもありました。水産高校は、県下に一校だったし、県下は勿論、県外から入学する生徒もいて、彼らの出身中学校でどのような国語授業が行われ、目の前の生徒がどのように評価されていたかなどまったく不明のままでスタートするしかありません。近隣からは卒業後必ずしも水産業に従事するという目標をもって入学したわけではないという生徒も少なからずいました。

そのとき担当したのは2年生で、この年度に初めて出会った生徒たちばかりでした。ともかく書いてみようよ、そこからはじめよう、というのが本音であり、「ともかく」をふくらませるために「切り絵」を用いることにしました。昭和51年のことです。県北長門市仙崎には、まだまだ昔ながらの光景や雰囲気が残されており、遠くは須佐、下関、宇部から2時間近くかけて通学する生徒もいましたし、寮に入る生徒も大勢いました。生徒の暮らす町も自然も経験も今よりずっと豊穣でした。つまり、出身地は異なっても彼らの日常語はどの生徒にも違和感なく通い合っていました。

「精神内部に」云々は、あえて言いかえれば、「普段着（ふだん記……）の文章をよどみなく書き」になり、「豊かな生活文体をつくる」も、あえて言い換えれば、「自分で読み直しながら自分らしい書きかたを楽しむようにしむける」ということになるでしょう。仰々しい物言いになっていますが、「はじめ・なか・おわり」の区別がつき、思うがままに書いてごらんというようながしのことばに過ぎません。公に向けて新米教員が文章を書くにつけては、身構えた言葉遣いしか思いつきませんでした。140頁以降に記されている無着先生が立てられたねらいに通じるものを意図してはいました。が、それよりも、出来上がった文章の言葉の流れを見直させることに主眼をおいていました。

「生活文体」とあえて呼んでいるのは、自分たちの普段使い狎（な）れている言葉の中に紛れ込み、自分の生活の中で自然に行っている思考・判断・選択・表現という、とても大切な言葉の働きを再点検させてみることに焦点を当てたと言い換えればよろしいのでしょうか。もっと別の言い方をすれば、当人の「口ぐせ」であり、あえていえば「表現の陋習」とでもいうべき「なかなか改められない自分の言葉遣いのうえでの望ましくない習わし」にスポットを当てさせてみたかったのです。

すでに他県の山間にある高校(分校)の生徒、山口県内の中学校の生徒たち、そして水産高校で出合ってきた生徒たちの文章をかなりの数読んできており、よどみのある文章には、大きな特色があることに気づいていました。

例えば、同一文の中に、同一語や「が、」「ので、」「て、」などという同一の接続助詞を多用して長い文になってしまったり、主述のねじれた文があったり、同じことを繰り返し繰り返し書いてしまっている表現。意味も確かめずに難しめの単語を使ってしまい、文の流れがとまってしまっている表現。どの視点から書いているかが定まらなくなってしまっている表現など。まとめていえば文章全体の流れに乗り切れない、文からはみ出した言葉を自分で点検し、修正をさせてみたいと考えたわけです。

さらに、そういう言い回しをすることの中に、幼いときから反復、反芻し、根づいている言葉の理解・表現の根っこの有り様に気づき、その言葉遣いを支えている物怖じしたり、やけになったり、諦めがちだったりする自分の負の本性をも改めて見つめ直してほしいという念(おも)いもありました。

書かないことには、本人が自分の言葉で、なにがしかのことを書かないことには、表現力を培うも何もありません。切り絵を用いたのは、目で見つけて書く言葉の素材がふんだんにあり、自分の日常生活を被させれば、言葉を少しでも紡ぎ出しやすいであろうと考えての手立てを差し向けるためでした。自分の文章を自分で修正しつつ育てていく契機にしてみようと考えたわけです。

専門高校の二年生以降に、専門科目以外の「国語」のような科目で、とりわけ文章表現に当てられる時間を確保する機会はありません。何もしかけなければ何も始まらない。年に一つだけでいいからとおっしゃる林竹二先生の示唆に沿い、以降もこうした試みを積み上げることになりました。

★問②　滝平氏の絵を見せて、5W1Hを整理する、しかも物語にするということに問題がないかどうか。つまり、滝平氏の切り絵は時間空間の制限内におさまるリアリズム作品か否か？

□答
後に、私は芸術短大で絵本創作の授業を試みることになりましたが、そこでも虚構のベース固めに、いつも5W1Hを明確にさせました。そうしないと矛盾する風物やものごとが入り込んでしまう虞（おそれ）が大いにあるからです。頭の中だけで物語を構成する場合の落とし穴になりがちなのです。「切り絵」を制作する場合、心中でどういうことがわきあがっているのでしょう。私もへたの横好きで切り絵の陰影を嗜むことがあります。素人だから、風景を線描で写しとり、応分の時間を費やして切りとり始めます。滝平氏の場合は、物を中心において切り絵の画面が出来上がっています。『朝日新聞』日曜版で当時700万人の相手にとりくんできたキッカケは何か、何を言いたいのか、と物語作家の斎藤隆介さんに訊（たず）ねられ、滝平氏がこう応えておられるのが参考になります。

滝平氏のお言葉のみピックアップしてみます。

滝平「別に何もないんだがね。ただ、ふるさとへの居直り方としては、うちの、わたしが餓鬼のときにずうっと暮らしてきたのを、思い出して。筑波山があって、霞ヶ浦があって……ということになっちまうんだけどね。」
「しかし、わたしにとって風景はさして重要じゃないんだ。当時の人間ていうのか、人間のありようみたいなものね。まあ、あのままなのであってね。それは、あった世界もあるけれども、あったであろう世界だ。」
「まあ言わせてもらえば、やっぱり高度成長なんだなあ。その結果なんだと思うねえ。流されて行く——これが非常に早いスピードでしょ。ところが、わたしがいま描いている世界ってのは、スピードなんていう言葉もないやね。とにかく、あの頃は十年、二十年たってもいっこうにそう変わんないんだから。そういう関係が高度成長の中で、たかだかここ十年か十五年くらいの間に、どれだけ人間の考え方とかなんかが変わったか、ということがね。ぼくは基礎にあると思うんです。」

〈『滝平二郎の世界』（すばる書房）昭和50年刊行〉

人物が登場すれば、その絵の前後に物語が必ず存在するはずだから、５Ｗ１Ｈは必然的に定まります。滝平氏ご自身にとっては、「わたしが餓鬼のときにずうっと暮らしてきたのを思い出して」、「リアル」に表現された「あった世界もあるけれども、あったであろう世界だ。」としておられ、まさしく「虚構」の世界が切り取られていることになります。【リアル】についてさらに付言すれば、生徒を育み、生徒が育んできた言葉のリアリティという認識を私は重んじてきました。生活経験の中でくり返され自分の言葉として汗も手垢もついた、使いこなせる言葉を用いて文章が書ける力をこそ大事にしてきたつもりです。それぞれに渡した一枚切の絵の前後には、まちがいなくストーリーがあったはずです。滝平氏なら「後悔先に立たず」ということになります。何よりも、絵の中から言葉が引き出せる。その言葉を手がかりに、絵の前の2場面、この絵を間にはさんで第4場面を思いめぐらしながら、その周囲のものごとや人との関係を切り結べば、新たなリアリティは充分に湧出するのではないでしょうか。「虚構」することによって、文章にストーリー性を起ち上げ、表現された文と文章をもとに、できれば問答を個々に重ねながら、一語、一文を自分で修正し、文章全体の構想をまとめ上げていく。そういう「プロセス」に重きをおいた手法です。一人ひとりに渡された絵がすべて異なるのだから比較は無用になります。今時なら全作品をワープロで打ち込み、無記名の作品を提示して、面白さによる投票でもすれば、評価も不可能ではありません。

★問③　生徒が創った絵物語（作品）の分析において何を中心に置くべきか。

A５Ｗ１Ｈの使用状況　B物語としての首尾一貫性　C絵との照合性
D生徒の心情の反映　E表現技術（文末・文の長短・主述の呼応・修辞）の適合性
F視点の定着　G表現内容やテーマに関わる本質的なことがらについての客観的精度など

□**答**

A〜Gまで、何れも高度な表現尺度だと感じます。あえて選べばＢＤＥＦです。まとまった一つのことがらについて、どれだけ読む者を意識し、おもしろおかしく書けているか。私が当時求めていたことは、書きながら心中で聞き、読んでいる者の姿を意識した言葉繰りであり、書きながら自分で読み、修正し、書き進めていける継続性であり、一つの思いを一文で書き切る力でした。

★問④　評価の問題——どういう文章を「豊かな生活文体」が書けたということになるのか。

□答

「豊かな」という言葉についての私の思いは大岡信さんのお言葉に近いものです。太郎次郎社から出版された『日本語の豊かな使い手になるために』という本にはめ込まれた「豊かな」には、《良好な人間関係を背景に、一人ひとりがお互いの違いをはっきり自覚して、むしろそれを際立たせるくらいに個性的な主張ができること》が重んじられ、さらに、《話すことも書くこともつねに相手に向かって開かれており、しかもその表現のどこかに破れ目があって相手に呼びかけているような対話が成立すること》というイメージで語っておられます。つまり、私の当実践例で申し上げれば、自分が育つ過程で身につけた文体はかけがえがないものであり、学校でどれほど公的な文体を教えても、学ぶ者の内で育ち、心を開いて語れる人間関係の内側で使う言葉は換えようがなく、そこに重きを置いて自分の意思を踏まえた表現世界を拡げることを「豊か」だととらえています。例えば、一文の中に「ので」を繰り返し何度も用いる生徒に「のに」という考え方や言い方があることも知らせ、使わせながらものの見方や考え方を拡張していくことを意味しています。

部分部分の気の利いた表現や分量や語彙ではなく、全体的に自分の意見や主張が反映されている文章、別に言えば、聞き手や読み手の心をひらき、笑わせ、興じさせるような人間味溢れる文章をよしとして評価します。私の場合、生徒が提出するかしないかという、より重い課題をいつも突きつけられており、書きたくなるような素材探しや作文の題探しが悩みの種でした。

以降、「発展の問題——この作文単元と『生活』についての作文をどうつなげていくのか？」など、生徒の文章に対する私の問いかけに対して、ていねいに読み込んでいただいたうえ、私へのお訊ねとご自身のご見解が示されていましたが、省略させていただきます。

正直に申し上げると、日々の私は、仰るほど丁寧な生徒作品の読み込みをしていません。自分の感性の網にひっかかったところに次々と傍線を引きました。的を射ていない問いも多々あると思います。最後まで辿り着けなくて短い文章しか書けない生徒もいました。大学院で真摯にかつ国語教育学的に考察された方のお便りであり、全力で返答するのが礼儀というものだと思うほどに、ご返事そのものが重荷になり、延び延びになったうえ、ご返答にも至らずじまいになってしまいました。ただ、この授業実践は、私の後々の授業づくりの原点です。虚構作品が高校生個々の心情を吐き出す手だてになり得るという確信をもてたことと作品の自己修正を通して、より精確な文章表現に至らしめるという過程重視の授業進行に確信がもてたことが、次の展開を支える基盤になりました。

私の試みた国語表現の授業と展開

次に掲載するのは、教諭在職中に自分の試みた国語表現に関わる授業と構成のレポートです。原則として、教科書教材を終了した後、例えば、短歌教材を読解した後に関連させて短歌を作成するという具合に進めました。併行して学級通信や国語通信などに掲載するなどして発信し続けるようにしてきました。言い添えれば、学校でかけがえのない日々や時間がどのように過ぎているかを保護者にも知っていただき、生徒との会話の際に挟み込める情報や話題を提供ができればいいと思ったからです。

このほか、文化祭などでは地元に継承されてきた3地区の神楽の演舞を五年のうちに3度、地域の方々のご支援で上演させていただきました。畳3畳分の大型の切り絵「風神雷神図（模写）」を共同で制作させたり、生徒を誘い大型の和凧を作成して国民文化祭地域展示会への参加もしました。内実は、在職した高校に「美術」の授業が開講されておらず、表現好きの子たちに、外部の方々から評価していただく機会を設けたかったからです。また、地域との関わりを少しでも目に見える形で確認させたかったのです。郡部にある学校は規模も小さく不便なことが多いけれど、かつて地域有志の請願で設立された学校がほとんどです。「今そこで」学ぶ生徒の普段の姿を地域の方々に紹介もしたかったのです。心の中で描く世界は表現しなければ誰にも届かず消えていきます。

1 新しい民話を作る授業

松谷みよ子さんのご講演を山口市で拝聴した後の質問時間。舞台に向かって、「私は生徒に民話を創らせていますﾞ」と申し上げた際、松谷さんから直々に『ぼうさまになったからす』（松谷みよ子・司修／偕成社）をいただきました。出征兵士がカラスになって村に帰ってくるという創作民話です。

民話に潜められた事情を説明するのに、往時は、広島県山県郡のカッパにまつわる民話をとりあげましたが、今なら『民話を生む人々』（山代巴／岩波書店）掲載の現代の民話を紹介するでしょう。

したたかなおばあさんが、なけなしの米でどぶろく（酒）を密かに造っていた村人をかばうため、耳が不自由な老婆のふりをして、酒（さけ）を竹（タケ）と聞き違えたといいわけし、役人に無駄足を踏ませて追い返したというお話です。広島弁だから一段と興をそそられるはず。このような現代風の民話からうかがえる民衆のしたたかさを示すお話は、「民話づくり」の授業に最適ですし、民話絵本もよく紹介しました。そうこうしながら民話への関心を高めて、一年ばかりかけて、「民話」に関わる書籍を購読しました。その一方で、町の中の地名や山や集落の名前の由来を確認したり、五万分の一地形図を購入したりして、地元の文化や芸能、寺社の由来や地域の特産なども、暇を見つけては歩き回って見聞きし確認するなどしてゆっくりと民話創作授業の準備を整えました。

その高校の所在地は当時、玖珂郡美和町と呼ばれていて、芥川龍之介の父、新原敏三さんが生まれ育った所です。古くから神楽の盛んな地域で、町内五カ所に株組織が作られ継承されていました。町の後背にそびえる羅漢山は広島、山口の県境にあり、隣県民同士の生活文化交流も盛んだったようです。霧が深くておいしいお茶と岩根栗と呼ばれる大きな実を産しました。広い農地や山林が広がり、江戸時代後期には、雑俳も盛んだったようで、河東碧梧桐が当地を訪れた名残の掛け軸も旅館に残されています。地形図で確かめると、水晶がとれる白滝山などという山の名も見えるし、古武士の名を冠した地所名も残っています。寺社縁起や一揆の名残などは、旧村史や町史を読みながらたどり、おおよそのことが掌握できたころに、民話作りの授業実践を構想し始めました。

やがて提出された生徒の作品をひとつだけご紹介します。

白滝

K・M

むかしむかし、ある村に三郎という貧しい彫り物師がいたそうな。ある年の夏、その村はひでりつづきにみまわれ、村人たちは、

「どうするべえ、このぶんじゃ、田んぼはひやいで、おらたち百姓はおっちんじまうで……」

「んだんだ、なんとか雨が降ってほしいもんじゃで……」

などと心配そうに話していた。村では、いろいろな祭りや雨ごいをしたが、それでも雨はいっこうに降らない。村人たちは、もうすっかりあきらめて元気をなくしてしまった。

そんなとき、気のやさしい三郎は、

「おらにゃ、雨なんて降らすことはできねえ。だども、あの山の大きな白い岩、あれを滝の形に彫ってやろう。そうすりゃあ、ちったあ、沈んだみんなの気も晴れるじゃろうで……」

そうつぶやいて、毎日毎日、その山の大きな岩を滝の形に彫りつづけた。

「やれ、カッチン、そら、カッチン」

ひでりつづきで、鳥やけものの姿まで見えなくなった村に、朝から晩までカッチンカッチン、細い綱で体を支えながら岩を彫る三郎の石ノミの音だけがきこえてくる。村人たちは、

「このくそ暑いのに、何をしよるんじゃ、あのばかたれが」

そういってばかにした。それでも三郎は、カッチンカッチン、カッチンカッチン……。

「や～れ、やっとできたで」

とうとう三郎は彫りあげた。それは、いまにも流れ落ちそうな滝だった。

「おらあ、みんなの心をなぐさめようと、これを彫ったが、やっぱり何の役にも立つめえ。これがほんとの滝じゃったらのう」

そういいながら、三郎は山をおりていった。

と、そのとき、うしろのほうからゴーゴーという音が聞こえてくる。ふりかえると、三郎の彫った滝がほんとうに滝になって水が流れ落ちている。

「こりゃあ、どうしたことじゃ。おらあ夢でもみちょるんじゃろうか」

三郎は流れてきた水を両手ですくった。

「お～、冷てえ。こりゃ、まぎれもなくほんものじゃ」

滝の水は村の川に流れこみ、田んぼやため池をいっぱいに満たすと、ピタリととまり、もとの岩の滝にもどった。村人たちの心配はいっぺんに消え、その年、村は豊かな収穫を得、それからというもの、この村は一度もひでりの被害をうけたことがないという。

そして、あの三郎は、この話が遠くまで知れわたり、都に行って、彫り物名人と言われるほどになったという。

いまでも、村人たちは、農作業のあいまに、まっ白な滝のような岩のあるこの山をながめては、作業のつかれをいやしているということである。


ちょうど、テレビ番組で、『まんが日本昔ばなし』が放映されていたころでした。常田富士男さんと市原悦子さんのナレーションで、ずいぶん人気のあった番組でした。そういう時代背景があったからかもしれませんが、へぇ！　おもしろい話を作るものだと感心した作品の一つが「白滝」でした。

地域の地名や池とか山とか神社とか、その名前と位置が書かれている五万分の一地形図で町内該当部分だけ切り抜いてB４判でコピーし、生徒全員に渡しました。地名に関わるような話や山の名に関わるような話、あるいは盗人の話なども提出されました。かつて一揆があったり、代官所が隣町にあったり、平家伝説も随所に残された町でした。山口県東部、標高１５０ｍの高原に田畑が広がるこの町には、現在大きな二つのダムが設けられています。在職当時はほとんど町内出身の生徒ばかりでした。９年に亘る勤務の間にここの生徒たちに教わったことは数え切れません。

Ｋ・Ｍ君がこの作品を提出した頃、町も学校もよく雪におおわれました。そんなことも含め、巡り会った生徒さんたちから美しい思い出をいっぱいいただきました。

２ 教科書教材読解後の通年表現指導

国語教科で学習したことを他の教科科目や日常生活で、卒業後の進学及び進路先で、また地域活動、その他の場面でも活用できてほしいと心底思い続けてきました。生涯に亘り国語の果たすべき本来の使命を思い描き、長年の経験をよりどころに、言葉による課題対処法を構想してみました。主体的に経験しないと不便ですが、目当てが明確になると課題も具体化しやすくなります。

①目や耳、さらには鼻、皮膚を通して感じとる力を能動的に活性化するにはどうすればよいか。
↓物事を観察・受容する位置や角度を変え、対比し、複眼的に把握して表現するクセをつける。
②どうすれば常用漢字の読み書き能力を高め、新聞が読める程度の語彙力を増やせるか。
↓漢字の部首と字源を理解し、毎日コラムを読んで内容を「初め・中・終わり」の3部でまとめる。
③事実や状況をどうしたら精確に書き留め、どうすればものの見方を尖鋭化できるか。
↓俳句を作り写生文を書くなどして観察力をつけ、眼前のありさまを背景とともに表現する。
④個々の生徒にもっとも適した表現方法を身につけられるような実践ができないか。

→様々な表現方法を試み、「具体」と「抽象」を互換させ、読み手に響く表現技術を習得する。
⑤「国語の学び方」をおおまかな学年発達段階に応じてどのように身につけさせるか。
→文章の型を意識して読ませ、何についてどう書かれていたか随時4文に要約させ報告させる。
⑥場面に応じた言葉の使い方、前向きな問答をする力を身につけるにはどうすればいいか。
→待遇表現になじませ、人の数や場面に応じて、臨機応変の対応力、肯定的な表現力を高める。
⑦虚構を意識し、自己の心の世界と対応させながら想像の世界を起承転結で書かせるには？
→四コマ漫画を分析させ、4、8、16枚の写真撮影で起承転結の構成が整ったお話を創らせる。
⑧身近なテーマで意見を交わさせ、意思を明確にし、ディベートができる力をどう涵養するか。
→目を見て話し、耳を傾け、相手の真情を場面と共に聴き取り、その不明確な点を訊ねて質す。
⑨作法に従った立ち居振る舞い、対話、挨拶などができる美しい所作ができるようにするには？
→和室内で型どおりの作法を理会させ立ち居をくり返す。電話マナーを体得する場を設ける。
⑩資料の収集、整理、データの分析などをする力をどのようにつけてゆくか。
→合理的な文章運びの典型を視写・修得させ、相手を説得する裏づけに資料活用できる機会を設ける。ドキュメントや報道解説番組を視聴し、資料の扱い方を含めメモする癖をつける。

整理しつくしたとはいえないのですが、並べてみると、結局「多様な表現力と読解力」を身につけることが目標になりそうです。対応する手だてとして、段取り通り滞りなく運べるよう、五感を鍛え、観察力を磨き、相手を意識して対応できるようにすることが肝心。そのために、具体的な情報を集め、常識的なものの見方や考え方ができ、柔軟な動作と言葉に置き換え、くり返すことで、習得できるはず。新たな事に挑むには、デザイン思考を基盤に据えて構想すると図式化できます。

平成11年度通年で一教科書を用いた「読解と表現を絡めた授業」を構想し展開してみました。それまでの歳月の中で、折々の受講生徒に配慮し、実践してきたオリジナルの表現方法を十種類以上織り込み、順序を明確にして取り組みました。組み合わせれば、1年間でこれくらいまでなら実施できるはずと自負して構想・構成しました。時間を惜しみさえしなければ、オリジナル仕様で構成・展開できるはずです。以下このことについてご紹介させていただきます。

これまでの教育の方法が一般的に読解中心であったことは否みがたく、国語での「表現」は、「国語表現」選択者に対してのみ編集者主導の方針に沿って展開されるか受験前の小論文の個人指導に終始していたのではないでしょうか。勿論本当の学びは時間の永さのみで決まるものではありません。

高校生という年代では、「仲間」の存在よりも、むしろ「孤独」で過ごせる心の強さを鍛えるべき時期だと断言する発達心理学者もおられます。これからは、主体として意見をもち、対立も辞さず、互いを排除もせず、批判的な筆力をつける授業展開が渇望されているとも言われてきました。

社会人開放講座の受講者に勤労女学生として毎日海軍工廠に動員された方がおられました。当時の学生証を元に動員中の惨事を記し、受講者全員の心を惹きつけてやまぬ文章を書かれました。《学ばれた分量はかけた時間に比例しない》という原則は時代が変わろうと不変なようです。

高校三カ年間でとり上げ得ることなど卒業後の永い時間の前にはふとかき消されそうな儚いこと

です。16歳から18歳という、社会参画意識が芽生え、自己への省察も深まる3年間だからこそできることとは何なのか。その答えは、学び経験したことを卒業後の生涯に亘り応用できる準備ができ、より望ましい判断力を保ち弁別して行動できること。いわば「自分主体の学習スタイル」を生徒自身が形成することなのではないか。その任に当たるべき教科こそ「国語」だと私は考えています。

通年表現指導の基盤になる教科書には大修館書店版の『高等学校　新国語Ⅰ改定版』を使用。同教科書のどこでどんな「表現活動」と先々の課題・対策を織り込んでいったかを提示します。表の後の各項で、各表現指導の具体的な運用情況の説明及び提出された作品等をご紹介します。

□年間指導計画

指導・学習内容			
読解・講義			表現に関すること
主題又は教材と作者名	配当時間		内容の解説
	全	表	
①「国語の学習法」 《松金オリジナル》 ※国語オリエンテーション 図書室と読書について	3	〔3〕	ノートの取り方・読書案内・年間方針・言葉と心の関わりなどを説明。説明後のＨＲの時間に「忘れられないこと」「高校で何を学ぶか」「私の夢」の３部作品を提出させました。

②「地上ゼロメートルの発見」《辺見庸》	2	1	絵本『こねずみくんのだいはっけん』……物の見方の多様性について説明。 「地上ゼロメートル『私』の発見」……身の回りの物の見方と書き方の学習。
③「独創性をはぐくむもの」《河合雅雄》	3	1	「チンパンジー擁護論」……筆者の立論への反論作成。 ※LHRで同和教育の時間を挟み込んだ。「ぶつかる」「生命は」（吉野弘）なども紹介。
④『記念写真』《赤川次郎》	3	1	補助教材「自分一人では生きられない」『三毛猫ホームズの青春ノート』より「手帳」読解 「私の記念写真」の題で作文。
⑤「そらいろ」《俵万智》 「短歌を作ってみようI」	2	1	補助教材『短歌に親しむ』（佐佐木幸綱）具体的に細部を見て表現する作歌法の説明。 生徒が選び評価。佳作上位42作品に投票。
⑥「友情の杯」《星新一》	3	1	「杯に毒は入っていたのか?」……根拠を挙げ、意見を書く（紙上ディベート実施）。
夏期休業中の読書課題 「紅梅月毛」《山本周五郎》		宿	感想文の提出。

⑦『青春漂流』《立花隆》	2	2	『青春漂流』（講談社文庫）より「村崎太郎」「田崎真也」編を印刷配布して感想提出。
	1	宿	ルポ「祖父の青春漂流」と題してインタビューによる作品提出・作品紹介。
⑧「カリプ自伝」《草野心平》 「汚れつちまつた悲しみに……」《中原中也》 「ぼろぼろな駝鳥」《高村光太郎》 「象徴詩を創ってみよう」 《松金オリジナルプリント》	3	1	「詩とは何か」……過去の生徒作品を通して定義する。「葉っぱのフレディ」ほか関連教材をプリントで多数紹介。
		2	図書室で調べながら象徴詩を創作。郷土出身の文学関連人物の紹介。「ことばあそび」（谷川俊太郎）をする。
⑨「場面と話し方」《水谷修》	3	1	簡単な敬語の使用法を学習し、寸劇脚本を作って使用場面を実演。
「外国人との付き合い方」《ドナルド・キーン》	1	1	「国際化って何だろう」主旨をまとめる。
⑩「漢字の性格」《金田一春彦》	2	1	漢字の生成・構成・字源について説明。
		宿	「漢字を創作してみよう」
⑪『注文の多い料理店』《宮沢賢治》	4	0	「宮沢賢治ワールドにつかる」読み方の多様性……文芸教育の読解法→問い方と答え方。

⑫『セメント樽の中の手紙』《葉山嘉樹》	1	1	手紙の名文を読み、手紙文の定型を紹介。
	1	1	手紙を読んだ「与三」の立場で返信を書く。
⑬「水の東西」《山崎正和》	3	1	成語から東洋と西洋の比較をする。「文章中の表現対比表をつくる」
⑭短歌と俳句「俳句を作ってみよう」	4	2	写生文の作成から俳句づくりへ。「○○は……」沓・冠付け短歌の作成。
「短歌を作ってみようⅡ」		宿	川柳の作り方も例示と要点の紹介。
⑮『やわらかいものへの視点』《村松貞次郎》	3	1	小論文「やわらかいものを見つけ出して世紀を展望する」

(1)「忘れられないこと」を書く授業のこと

私は、どこの学校に赴任しても、年度初めに何度も何度もこの題で作文を書かせてきました。ねらいは、「事実を詳しく思い出して、みんなにわかるように書く」ということです。心を打つ作品というのは、どういう共通の特質をもつものなのかじっくり考えてみました。例えば、料理の場合。それまでに口にしたことのない材料が使ってあれば、それだけでも新鮮に感じられ共感を呼ぶはずです。ならば、だれも知らない素材を使用し、具体的でだれにもわかるような平易な表現にすればよいはず……ということで、思いついたのが「忘れられないこと」という題材でした。現時点から突き放してみることができる幼児期の記憶を中心に、喜怒哀楽の感情の振れ幅が最も激しかったことを選び、その前後の状況を「初め・中・終わり」の3段構成でわかりやすく書かせようとしたものです。「わかりやすく」ということについて国分一太郎先生が『文章表現指導入門』（明治図書出版）でなさっている御説明を元に、私の勤務校の生徒向きに翻訳させていただくとこうなります。

【指示】※ここからは、生徒に配布したプリントのとおりです。概要のみ口頭で説明しました。

①書く前に。生まれてからこれまでで一番心を動かされ精（くわ）しく思い出せる事件を一つだけとりあげ、前後のことも書き添え、だれにでもわかるようなひらがな大盛り言葉で書いてください。

②感動的とはいえ、部活動や修学旅行など、他の人も書きそうな題材は避けましょう。本人にはとてもはっきり思い出せる割に、読む側の心に訴えかけることが少ない題材なのです。

③むしろ、日常のありふれた場面をとりあげ、自分だけしか知らないはずのことに焦点を当ててみると、個性的な作品が出来上がります。良い作品というのはまずもって個性的なのです。

④その時のことをできるだけ詳しく思い出して書くことが大切です。わかりやすく説明すると次のようになります。

■「わかりやすく」というのは、難しそうにいえば「具体的に」ということ。つまり、「形を具（そな）えているように」ということ。いいかえると「あることを書く場合、そのことばの上に、目に見えるような修飾語（飾りのことば）を少しずつ書き添えなさい」ということ。

それも「ひらがな」で、言葉二つくらい書き添えるとなおよろしい。

■その時、周囲に何が見えたろう。いくつあっただろう。それは何色だったろう。

■その時に聞こえた音や声を、方言なら方言のままそっくり思い出して「　」でくってみよう。

■その時の暖かさ、冷たさ、大きさ、高さ、堅さ、膚ざわりなどを思い出してみよう。

■その時、どのような匂いや味がしたか、今の感覚や言葉を手掛かりに思い出してみよう。

■その出来事を「はじめ（きっかけ）、なか（なりゆき）、おわり（結果）」の順に、名詞（ものごとの名）をちりばめて一つの流れに乗るように整理してみよう。

■そのものごとや動作を表す言葉の上に、できるだけ飾り言葉（修飾語）を直ぐ上にくっつけてみよう。さらにその上にもう一つ飾りを添えてみよう。

■飾る言葉と受ける言葉はできるだけ離さないようにしておこう。

■一つの文の中では、主語（〜は・〜が・〜も）を変えないようにしよう。

■文の終わりの言葉を、「た。」「ていた。」「だ。」「動詞（言い切りがウ段の言葉）。」など、さまざまな形でしめくくるように工夫して、「思う。」「思った。」で終わることをできるだけ避ける。

■感情（その時、感じたり思ったりしたこと）は、末尾に「い」のつく言葉「形容詞」をできるだけ使わず、言い切りがウ段の言葉（動詞）で言い換え、書き改めてみよう。

■数字で表すと読み手や聞き手にはうんと思い浮かべやすくなります。

■話題が一つのことについて書き進められているか、文の終わりで、「である体」と「です・ます体」が混ざり合っていないか点検・確認・修正しておこう。

「事実をわかりやすく」ということを課題の要件とし、以上のような観点で生徒作品を読み、評価のポイントとしました。教室でも紹介した作品のうちひとつだけ採り上げておきます。

【例】「ビーズ」　　I高校S分校　二年生

幼稚園の年少組だったときの話です。

その日私はある遊びに夢中になっていました。それは、ちょうど鼻の中におさまる大きさのビーズを片方の鼻に入れ、入れていない方の穴を手でおさえ、勢いよく鼻息を出してスポーンとビーズを鼻から出すという、なんとも汚くあぶない遊びでした。

ひとりで夢中になっていた私は何度も何度もその遊びをくりかえしていました。しかし、そんな遊びがながく続くことはありませんでした。あまりにもいきおいよくビーズを鼻に入れてしまい、いくらがんばってもとりだせなくなってしまったのです。あせりました。親にも「鼻にビーズが入った」なんてはずかしくて言うことができず、ひとりカーテンにくるまって鼻の中のビーズと格闘していました。

そんな格闘もながくは続かず、カーテンの中でごそごそしている私を父があやしがり一部始終がバレてしまいました。休日のことですぐに救急病院へ連れていかれました。

(2) 私の「地上ゼロメートルの発見」を書く授業のこと

教科書に載っていた、辺見庸さんが書き下ろされた文章（47頁以降に所載した随想作品）です。この教材にひきつけられたのは、「発見」という言葉があったからだと記憶しています。高校に入って間もない生徒たちに、ものの見方の変更をちょっぴり迫るには最適だと思ったたし、実際、生徒の心にもかなり深く響いたようです。講義式の授業で進めましたが、担当する三つの教室でともに快い笑いが醸し出される時間をすごすことができました。

【宿題】「地上ゼロメートル、私の発見」を書いてみよう。左の文章を添えたA４用紙一枚を配布。「発見」という言葉について、私はいつも「発明」ということばとあわせ、俳人鷹羽狩行氏の定義を紹介します。

「発見とは、すでに有るのだけれどもだれも気がつかなかったものを見いだすこと。」
「発明とは、有るものにいままでにない組み合わせ方を加えたものであるということ。」

【例】

「みどりの日」の朝、庭先で草を引いていたら、青い空から雨のようなものが数滴降りかかってきました。見上げると、屋根の上に猫、電線の上にはやや太めの鳥（ヒヨ鳥か？）がいたのですが、数カ所から落ちてくるので、彼らのしわざとは思えませんでした。

目をこらして水滴の発する場所をよく見ると、どうやら隣家の栗の若葉の葉末からしたたり落ちているものとわかりました。夜の間、葉の上でこわばっていた小さな水滴が、朝の陽射しの中で和らぎ、結びあい、風に吹かれて飛び散っていたらしいことに気づかされました。

（※この後、こんなコメントも付け添えました。）

■「ゼロ」ということにあまりとらわれなくてもかまいません。「いつ、どこで、何を、どうした。」ということが、はっきりとわかるように書くことがポイントです。その時のようすが、どんな読み手にもわかりやすいように、この前の「忘れられないこと」と同じような書き方で、たった一つのことを詳しく書いてみてください。くれぐれも、「ぼくが」「私が」という書き出しと、「〜を発見した。」という文末だけは使わないようにしよう。（「理由は自分で考えてみて下さい」と補足）

【生徒作品】（※プロセスが含まれた作品はできるだけ多くプリントして紹介しました）

☆朝、光が差し込んでいる部屋を見渡すと、空気中を小さな「ほこり」が飛んでいるのが見えました。「きたない」と思ったけど、床に寝転がって、差し込む光の線を見ると、その「きたない」と思ったほこりがキラキラ光って見えました。まるで、雪国で起こる「ダイヤモンドダスト」のように見え、とてもきれいでした。普段、上の目線から下にあるものを見て「きたない」と思っても、少し違った見方をすると、とてもきれいなものに生まれかえられるということを知ってしまいました。

☆家に帰って地上ゼロメートルの世界というものを見た。教科書に書いてあったラマ教徒のようにして物を見てみると、物体というものは見えなかった。すべてが色の世界になった。どこまでいっても色の世界しかなく、不思議な世界だった。その時、ふと思った。人間の目は、適当な距離があってこそ物が見えるということだった。ものすごく現実的な発見だった。距離というなんでもないものだけど大切なものを知った。

☆かべのよごれというのは不思議である。それは下から見ると人の顔みたいに見えるのに、少しでも見る場所を変えるとまたちがった形に見える。しかも、何に見えると思い込まなかったら、本当にただのよごれにしか見えない。楽しいような、楽しくないような、怖いような、そうでもないような……。人の気持ちも見る場所を変えると変わってしまうのだろうか。

☆教室からなんとなく窓の外を見てみる。外には、たくさんの木や葉が生えている。それをじっと見てみると、たくさんの葉が風に揺られている。さらによく見ると、葉は、一つ一つ違う動きをしている。風の強さが変わると葉の動きも変わる。その、一秒一秒動きの変わる葉の様子がとてもおもしろい。なにげなく見ている葉が、ちょっと意識して見ると、僕をあきさせないテレビのようなものに変わるんだとわかった。

☆朝から雨が降っていました。耳をすますと、楽器の音のような何かの音が聞こえてきました。その音色はとてもキレイで、聞きほれてしまいました。音がするほうを見てみると、それは、雨の滴が、バケツやスコップ等に当たり、音をたてているのでした。一つの音だとわかりにくいけど、何個もの音が重なるとすばらしい音を作りあげることができるようです。日頃気にかけない「雨」がこんなに楽しいものだということに気づかされました。

教科書教材の中で、筆者、辺見庸さんはこう述べています。「物や人への中間距離に私たちは慣らされすぎているのだと思う。やはり、思い切って近づくか遠ざかるかしなければ、常識という、とても正しくとてもまちがった檻から逃れることはできないのかもしれない。」と。

現代社会の中で生きている我々が「常識の檻」を抜け出すのは至難の業です。ただ、このようにして、少しずつ目の前の現実との視点距離を変更してゆくことにより、ものの見方や新たな距離の獲得の仕方について、教室内にわずかながらも招きいれることくらいはできたかなと思いました。

(3) 短歌を作る授業のこと

俵万智さんの文章を読んだ後には必ず短歌を作らせるようにしてきました。俵万智さんのお師匠さんにあたる佐佐木幸綱先生の御著『短歌に親しむ』（日本放送協会）には、これまでずいぶんお世話になってきました。先生のいわゆる「第一に個性を……」大切にし、「具体的に細部を」見て、「五七五七七に書き留めるおもしろさを味わってもらう」のが第一の目的です。ものの見方や関係の見方が歌のよしあしの半分を決めてしまいます。「短歌の作り方」として次の用紙を配布しました。

i　美しいもの、気がつかなかったものを発見する。
ii　一つの素材を発見すると共に、そのものを浮き立たす背景や対比的なものごとに気づく。
iii　そこにある事実、そこにあるようすを細かく観察し、いらない言葉を切り捨てて書く。
　事実を丁寧に観察して書けば、結果的に人の生きざまと重なり合い始める。思いを書くと相手にわかるようには伝わりにくい。「事実をわかりやすく」書いたのを思い起こそう。

iv 「何が何をどうしている」という様子の描写をとにかく「五七五七七」の中に落とし込む。
v 作れないときは初めの五音を決めてかかる。例［喜びは……・悲しみは……・友達は……］
vi 素材の求め方［数字・外国語・視線・動物・食べ物・家族・学校・会話・暮らし……］何でも。

さらに具体的な歌を引き合いに出し、若干その歌の説明を加えました。俵万智さんの作品も一枚のプリントにして配布しました。3クラス合計117人の作品の中から、42首を選んでプリントし、一人5首ずつ選んで投票させました。そのうちの10首のみ掲載します。かれらのセンスのよさ、高校生の時期の感性のよさ、呑み込みの速さには驚かされました。以下、生徒作品の一部です。

空を飛ぶいろんな鳥にもそれぞれに悩みごととかあるんだろうか
感情はものにもあるのか考える鏡にうつった無数の心
朝起きていつものように外を見る庭の芝生で猫が寝ている
授業中ぼーっとして見る前の人の耳の後ろのほくろ数える

日曜日今日はゆっくり休めるしたまには猫のつめでも切るか
ふわふわと旅してまわる毛やほこり落ち着く場所はどこにもないね
五月晴れきれいな空に白い雲ながめて思う啄木の歌
洗濯機と壁のすきまに変色しただれもひろわぬヘアピンがある
朝起きてまた同じ日が始まるとため息をつく七時の私
満員の帰りの列車に乗り込んで毎日思う今日も終わった

書き手の一つの視線の流れが言葉を引き寄（膨らま）せつつ詠まれている所に共通点があります。

(4) ルポルタージュ「青春漂流」
家族インタビューを書く授業のこと

立花隆さんの『青春漂流』（講談社文庫）が教科書に掲載されていました。教材読解後、構想を立て、生徒に家族へのインタビュー記事を書かせる課題を出しました。

『ルポルタージュを書く』という鎌田慧さんのご本が「岩波同時代ライブラリー」に入っています。その中読んで随分感動したのでしょう、黄色い蛍光ペンのマーク跡が幾条にも施されています。その中にも書かれているのですが、ルポの場合、特に絶対に守らなければならないルールがあるということについても口頭で生徒には伝えておきました。取材される側のプライバシーに配慮して表現すること、聴いていて、いい材料がどんなにたくさん集まったとしても、だれかを傷つける、とりわけ取材を受ける祖父や母などの名誉を傷つける恐れがあるときは、了解を得たり、あえて表現しない勇気も必要だと徹底しました。また、当方の希望として「祖父母」を取材対象としてほしいと告げました。

理由は、客観的に捉えやすいというところにあります。祖父母たちの裡にあって、時代が余計な物ごとを風化させ、骨組みのようなものだけが時間の彫琢に耐えて残され、解放されることを待ち続けているのではないかとも感じていたからです。とりわけ、戦争体験が当時青年期にあった祖父母に与えた桎梏や試練は戦後生まれのわれわれの思い及ばぬ素材を含みもっていたはずであり、一歩間違えば死をも免れぬ選択まで何度も強いられていたはずであり、今を生きる孫としての生徒たちに与える言葉には偽りのないことが容易に推測できたからでもあります。

既に祖父母がいなかったり、同居していなかったりする生徒の場合、父親や母親からの聞き書きが多数でてくることを予測しました。これについては、就職や進学を前にしての若き日の父母の逡巡が想像できたし、生徒の進路選択への貴重な案内になると確信して取り組むことにしました。

生徒には、次に所載の「ルポ作成の手順」というプリントを作成・配布して宿題にしました。

テレビなどを視ると、二十一世紀直前ということもあって、過去の映像を掘り起こす番組が増えているように感じられます。その画面や過去の写真、大正や昭和初期の映像を視るとたくさんの若者が元気に活動しているのが見えるのですが、もちろんそれから50年、60年という時が経過しているわけで、当然のことながら当時の若者たちも80歳、90歳の好々爺になっているはずです。

中には戦争の中で人知れず消えていってしまった人も少なくないことを思い知らされます。8月15日の正午、天皇の終戦を告げる玉音放送が流れ、皇居の玉砂利に跪いて平伏している男性の映像――これまでに彼の映像を何度見たことか分からないほどですが、彼が一体どこのだれだかまったくわかりません。もうこの世にはいない方なのかもしれません。不思議な気持ちがしてきます。

僕は数年前、父を喪いました。もう満年齢で86を数えるほどの年齢ではあったし、やむをえないことでもあったのですが、亡くなってしまった今頃になって妙に懐かしさを覚えます。生きていた当時、父と話をした記憶など殆どないのです。亡くなった後、他人の口から耳にする父のエピソードのいくつかは自分の全く知らない父の姿でした。他人との争いを極度に嫌い、釣りを好み、錦川を前にして1時間も釣り糸を垂れていたとか、大物の鮎をしかも友釣りしかしなかったという話等……。

過去を懐かしむことはできますが、時間を取り戻すことはだれにもできません。そのためにせめてわれわれにできることといったら、現在を丁寧に具体的に記録することだけでしょう。さらに聞き取りによって過去にさかのぼるくらいしかどうしてもできないのです。そんな思いもあって今回のルポ作成に取り組むことにしました。

題は「○○（祖父・祖母・父等……）の青春漂流」としてみましょう。

書き方にこれといったルールはないのですが、一応次のようなことを典型例として示してみます。

Ⅰ　第一段落　〇〇（祖父等……）の現在のようす、有り様を丁寧に映しだしてみてください。今朝の様子でも3日前、10日前、1カ月前の様子でもいい、印象的な一場面を取り上げてみます。特にそれが、第二段落で描く〇〇の過去のことと関わりがあればなおいいと思います。

例えば、農作業の合間に捲り上げた腕に深い傷痕など発見したとして、そのことを丁寧に書いて第二段につなぎ、それが戦地での弾の痕だった、として〇〇の話を綴っていくなどという書きだし方も典型的な例となります。この部分の書き方はできるだけ詳しく思い出して書く書き方に従うとよいでしょう。その日、その時、周囲に何が見えたか、いくつあったか、何色だっただろう。その時、どのような音や声が聞こえたか、方言なら方言のままそっくり思い出していただきましょう。その時の暖かさ、冷たさ、大きさ、高さ、かたさ、膚ざわりなどもどのような匂いや味がしたかなどまでも思い出していただき、今のあなたの自分の感覚や言葉で書き記してみてください。

Ⅱ　第二段落　〇〇が若い時の、その選択の前後の状況を、〇〇から手に入れた取材メモを中心に位置を入れ替えたりしながら、「きっかけ、なりゆき、結果」の順に整理してみてください。短い文が適切だと思います。ただ、一文の中では、主語（〜は、〜が、〜も）を換えないように……。文の末尾（。の前）は「た。」「ていた。」「だ。」「という。」などを多用し、語る〇〇の様子をおりおり挟み込むと臨場感（その場に読者がいるような感じ）がでてきます。それも、「悲しそうであった。」などという形容詞や形容動詞の使用を避け、できるだけ動詞（言い切りがウ段の言葉）で言い換えたり、数字や色合いや具体的定言動で示してゆくとわかりやすくなり、読み手に伝わりやすくなります。
　話はあれこれでてくるかもしれませんが、あえて一つのことに絞って書くことを勧めます。
　青春時代の選択……それは他愛ないことであってもかまわないと思います。例えば、川で溺れそうになっている人を見つけた○○が飛び込んで助けたいという思いはもちながらも、自分自身がカナヅチで他人を呼ぼうにも近所にだれもいない、さてその時○○はどうしたか……これも選択なのです。もしあえて飛び込んだら命の歴史はそこで途絶えていたかもしれません。たまたま溺れかけた人が流れながらも川に浸かった柳の小枝をつかむことができて、結局自分は何もしなかった、できなかったという話であったとしてもその心根はすばらしいと思いませんか。飼っていた小鳥を逃がす話でもいいのです。小さな話でも、その中に大きな意味があります。授業中に配布した稲本裕さん、村崎太郎さん、田崎真也さんたちのように、ひとつの選択に関わるエピソードが遺伝子に組み込まれ、連綿とあなた方に受け継がれているわけで、全てがとても大切なことだと思われるのです。

Ⅲ　第三段落　これは、第四段落と一緒になってもかまわないのですが、現在の○○の状態に引き戻していただきたい。現在の○○の姿を正確に描くことによってその選択の結果の一面を書き記してみてください。書き方は「忘れられないこと」を書いたのと同じです。

　以上、あくまでも一つの例に過ぎないのですが参考にしてください。家族の方々の語られる話が内容のほとんどを占めますので、写真などを引き出して家族に話しかけ、いい材料を集めることが作品のよしあしを決めることになりそうです。

【生徒作品】

「祖父の青春漂流」

私の祖父は八〇歳。すごく怒りっぽいけど、すごく優しく元気な祖父だ。八〇歳には見えないほどよく動く。三キロある道のりを自転車に乗って出て行く。私よりも元気な時がある。

そんな元気な祖父だが、右手の小指、薬指、お母さん指がないのだ。薬指は、半分あるのはあるけど、ほとんど使えない。もちろん祖父は右ききである。だけど祖父は五本きちんとあるかのように生活している。ご飯を食べる時、きちんと右ではしを持って食べる。エンピツだってきちんともって字を書く。私は小学生の時、はじめて祖父になぜ指がないのかきいてみた事がある。そしたら、意外な答えが返ってきたのを、今でもしっかり覚えている。

「おじいちゃん。何でゆびが二本しかないの?」と聞くと、祖父は笑って、「きちんと三本あるよ。」と言ってきた。私は薬指の半分を入れなかった。しかし、祖父はその一本を入れていた。それから祖父はいろいろと話をしてくれた。親の手伝いをしていて、稲を刈るもので指を切ったことなどを話してくれた。その後、祖父は意外な事を口にした。

「他人から見れば、かわいそう、大変そうと思うだろう。しかし、オレは一回だけ、この指がなくて良かったと思った事がある。それは、戦争に行かなくて良くなった事。そして、戦争中、ずっと家族のもとにいれた事。だから、オレはこの指がない事に感謝しているし、この指はきちんと動いてくれている。普通の人と同じように生活できる。だから、もういいんだよ。」と言った時、あー、すごい考え方だなと思った。きっと私にはそういう考え方はできないなと思った。

私は、祖父の強さになぜかちょっと感謝した。今、考えてみると、その話からこれまで私は勇気のようなものをもらい続けてきていたのかもしれないと思ったからだ。祖父だって指がないのにがんばってきた。だから私もがんばろうと、心のどこかで支えにしてきていたのだと思う。これから何年先までも元気な祖父でいてもらいたい。

【総括】

当作品も短い文を多用して、歯切れがよくまとまった報告になっていると感じました。ルポ作成の目標の一つは職業意識の涵養ということです。印象的な文章が多数提出されました。共通していることが一点あって、それは、親や祖父母たちが「家族」を支えるという課題と一個の人間としての自分の生きがいをいかに調和させて生きてきているかということです。聞き取りを通して表現された報告を見る限り、生徒たちの多くは、連綿として続いてきた命のバトンがいかに重く、時代の中ではいかにはかないものであり、かつ迫り来る状況の中で家族の判断した選択の累積の上にこそ今の自分の存在があることに気づいているようでした。「日頃父に対してここまで話をし、考えたことがないから少し照れてしまいます。」という一文がありました。正直な感想だと思います。

⑸ 詩を作る授業のこと

「カリプ自伝」という草野心平さんの詩が教材として掲載されていました。読解終了後次のようなプリントを配布しました。各教材で筆者が何に着目し、どんな思想や知識、感情をどんな形式や表現上の工夫をこらして伝えようとしているかについて、プリントで説明して実践させるのが私の表現指導の常道です。辞書で確かめて表現する人を増やすのが何よりの望みでした。生徒数が30人未満なら、全員数分の詩を用意して配り、一番気に入った詩の鑑賞もさせていました。

私がもっとも気に入っている詩の定義に、「詩とは、言葉で、新しくとらえられた、対象（意識［心の中の世界］と事物）の一面である。」という吉野弘さんの規定があります。普段、われわれは言葉を用いて会話などを行いますが、「うちの楓の木が……」などと言うとき、話すほうも聞くほうも実は自分自分で勝手に思い描いたその「楓の木」の一面をあたかもすべてわかりきったかのように話し、理解してしまいます。言葉というのはその実、誠に不完全なものであって、その分、書く気があればだれもが詩人になる可能性を秘めているといってもウソとは言い切れないでしょう。

高校に入って間もない頃「地上ゼロメートルの発見」という教材の読解に取り組みました。あの時のものの視方、聴き方が詩への入り口だったといえば、創るきっかけを理解できるのではありませんか。私たちは、まだ見ぬ、まだ知らぬ、まだ聴いたこともない世界に取り巻かれています。本当は半わかりなのになんでもわかりきったかのようにことばを交わしています。他人には見えなかった世界が自分だけの切り口で言葉に置き換えられたとき、その言葉は素敵な表現として、ハッとさせ人の心をうちます。さらに煎じ詰め、自分の思いをあえてオブラートで包むと、より詩らしくなります。

と、読んで説明し、卒業生の残したいくつかの言葉（私は詩と認定します）も紹介しました。

【生徒作品】

☆「空気」

ぼくも　だれかに　気づかれたい

☆「水」

ぼくも　かたちを　もちたいよ

☆「ろうそく」

おれはいつ死ぬんだろう

☆「腐る」

腐ってるから捨てられる
腐らせたのはだれだろう
腐ってないのに捨てやがる
腐らせたのはどいつだろう

各作品に共通しているのは、自分の心の中にある不安のような形になりにくいものなのではないでしょうか。「気づかれたい（孤独）」「かたち（自信・アイデンティティー）をもちたい」「いつ死ぬのか（不安）」。それらを形あるもの（空気・水・ろうそく）になぞらえ、擬人化して言葉で表現した結果が作品となっています。「腐る」も同様です。「腐って」いるのは当人の心なのでしょう。その心のやり場のなさを「腐」らせたものに向けてゆき、言葉でくくって告発してゆきます。

十円玉には表と裏があります。人に喩えれば、「表」は顔や人の個性、「裏」は心に置き換えることもできましょう。今回は一つのものごとの両面を対比し、見えることと見えないこと、聞こえることと聞こえないことを対照することで出来上がっている詩（比喩を中心とした詩や象徴詩）をとりあげ、その過程で、象徴詩的な構造をわかりやすく分析して紹介し、つくり方も随時紹介しました。

私の詩づくりの授業については、『いひたいことにつき当たつて』に詳細を載せています。ここでは4作品掲げます。私が象徴詩に拘るのは、表面に描かれる事柄と生徒の内面の照らし合いによって起ち上がってくる文学性に興味があるだけでなく、生徒たちの「今」あるいは本音と関わり続けたいという思いがあるからです。さらに、生徒たち一人ひとりがものの性質や動植物の生態を徹底的に調べて観察し、存在することの面白さ有り難さに迫る契機にしてほしいという願いがあるからです。

【生徒作品】

肉まん

外から見れば　白くてまるく、
中は茶色く濁っている。
そんな肉まんが
ここに集められている。
箱の中に入れられて、
無理やり温められている。
そして、
ちょうどよくなった頃、
箱から出してもらえるわけだ。
だけど、出たって食べられるだけ。
温まらなければ、
食べられることもないだろう。
でも　温まらなければ、
箱から出されることもないわけだ。
そんな思いが

僕の中で熱くなり、
黙っていても温まってしまう。
どうすればいいというのだろう……。

テスト

白紙のままのテストの用紙
何を書いたらいいのかわからない
何を勉強したのか思い出せない
白紙に何かを書こうとしたが
勉強したことをみんな忘れかけている
悩むほど頭の中も白紙になっていく
このテストは「私」なのだ
何をしたらいいのかわかんない
悩んでいるだけの毎日
今までしてきたことは何だったのだろう

あひる

わたしはあひる　みにくいあひる
みにくいけれど　あひるなんだ
だのに　みんなはばかにする
おなじあひるがばかにする

のぞんでみにくくなったんじゃない
なかまばかりじゃない
かいぬしだってばかにする
たべものだって　みんなのはんぶん
おなかはいつもなっている
じぶんでのぞんだわけじゃないのに

しゃべる鳥

夜が去った
また調教師がやってくる

私に意味のわからない言葉を言う
私がくり返すまで幾度でも言う
くり返すと　うれしそうな顔をする
何がうれしいんだ

だまりこんでやる
すると　調教師はふきげんになる
私の入っているへやをがたがたゆする
意味もわからないことばをくり返す
そんなことの　どこがいいんだ

外に出たい
いつか調教師の指をかんでやる
私の足をつかまえ　しっぽを切った指
私がくり返すまで　体をつついた指
こんな所でくらすつもりはないんだ
こんな　狭いところで

夜がきた
やっと　調教師が帰っていった
私は　やっと自分のことばが使える
あんな　意味もわからない言葉はすててしまおう……

……できない
この狭いへやでくらすにはあの言葉がいる
調教師のごきげんをとるには
あの言葉がいる……

復習でもしておこう
「オハヨ　オハヨ」
「コンニチワ　コンニチワ」
「サヨナラ　……」
つかれた……

明日も　来る

後半二作品について少々説明を書き添えます。S高校に着任直後のこと。「国語」教師としてのおもしろさ、感動や嬉しさが一塊になって湧き上がるような思いをさせてくれた二作品です。「あひる」は二年生、「しゃべる鳥」は一年生の作品。生徒って凄い！　と心底から実感しました。

☆「あひる」は足に障碍のあるがんばり屋のTさんの作品。クラスメイトもご両親も優しく素敵な人たちでした。「ばかにする」？　そんなはずはないのだが……と思いの至らぬ担任（私）の浅はかさ……。彼女にとっては、その優しさ、つまり「みんなと同じでない対応」がこの言葉に込められているのではないかとふと気づかされ愕然としました。言葉を一般的、辞書的な意味にしか落としこめなかった私にとって生徒作品への向き合い方に鑑み、猛省と再出発を余儀なくさせられた記念碑的作品です。

☆「しゃべる鳥」では、「あの言葉」と「自分のことば」との対比が秀逸です。筆者が心を表明できる「自分のことば」と、先々で役立つからと、本音を隠して交わし合う「あの言葉」。「コトバ」は人間が名づけ、磨き上げて、今日の文明社会を招来した源ですが、二つの言葉の不通は今なお継続しています。

「自分のことば」というのは、経験に裏打ちされたコトバだから、自分自身との対話やなじんだ人との間でなら、この詩のように穿った批判も可能です。「あの言葉」というのは、抽象的、他人行儀で、数値や最新データに裏打ちされ、処世に役立つ公的言葉。使いこなせれば、世界に通用する人・もの・金をも動かせる便利で洒落た言葉です。一方、雑音だらけで方言まじりの「自分のことば」には、それでも、人の心とその健康、目に見えない不思議なことを担保する力があります。この詩は生物としての人間が主体的表現力を喪い、デジタル化した「あのコトバ」に席巻されそうな現状をも見透かしています。40年以上も前の生徒の詩が今なお言語不通の状況と課題を読み解く鍵になっていると感じます。

⑹ 俳句を作る授業のこと

磯田道史さんの『江戸の備忘録』（朝日新聞出版）にこんなことが書かれていました。

熊本五高で勤務していた漱石のもとに、友人を落第させないで欲しいと陳情しに学生（寺田寅彦）がやってきた。その訴えを聞くばかりで、漱石は何も言わない。学生は、勇気を出して訊ねた。「俳句とはいったいどんなものですか」漱石はこう答えたという。
「俳句はレトリックの煎じつめたものである。扇のかなめのような集中点を指摘し描写して、それから放散する連想の世界を暗示するものである。花が散って雪のようだ、といったような常套な描写を月並みという。こういう句はよくない。秋風や白木の弓につる張らん、といったような句は……よい句である。要は、自然の美しさを自分の目で発見すること。人間の心の中の真なるものと偽なるものとを見分け、そうして真なるものを愛すること。この二つである」と。

要領を得た簡潔な説明です。寅彦はこの経験を契機に俳句を作り始め、生涯作り続けました。私には漱石のように簡潔な説明ができません。ただ、俳句や短歌のリズムだけは在学中に修得してほしいと思いました。五七の音数律。俳句なら十七音です。鷹羽狩行氏の著書を基盤に著名な句を並べると、リズミカルな名句には特定の型がありそうでした。その鋳型に生徒の心に留まった自然の有り様を一呼吸で落し込めば俳句体験ができはしないか。偶然できた句のよさを逆方向から分析し、素材の見つけ方や観察法を学習できないかと考えました。もう一つは、子規が拘り続けた言葉の「写生」により、流れるような勢いのある句ができまいかと考えて授業を仕掛けました。

俳句づくりの授業は、『増補　俳句入門』（中村草田男／みすず書房）と『俳句のたのしさ』『俳句を味わう』（ともに鷹羽狩行／講談社）を中心に構想を練り、他4冊の本からピックアップした代表的俳句64作品と創作要領プリントを作成、配布し、とくに次の3点を重視して説明しました。

①言葉のひびきについて
②象徴について
③発見することとの意味と組み合わせの妙について

○「俳句」になりそうな自然の中の「美（心を惹きつけもっと近寄り確かめたいこと）」のありか。
イ　おもしろくて、笑えること
ロ　めだつもの、もしくはまったくめだたないもの

ハ　互いになんだか似ているものともの
ニ　印象的なもの、小さいもの、短いもの、印象に残らないもの、大きいもの、長いもの
ホ　みにくいもの、他人が捨ててかえりみないようなきたないところや物や事
ヘ　五感を通して心惹かれる何かと何かの関わり合いや関係でハッとさせる物事の有り様

○次に私の考案した、俳句の新しい作り方だと言って、こう説明していきました。
「松尾芭蕉の有名な作品を三つ並べてみます。ひらかなで書きおろしてみます。」と言って板書。

A　あらうみやさどによこたうあまのがわ
B　しづかさやいわにしみいるせみのこえ
C　ふるいけやかわずとびこむみずのおと

□A・B・C、特にA・Bの共通点を次のように採り上げて、指し示しながら説明をしました。
☆三つとも、五字めに『や』があり、十五字めに『の』がある。
☆AとBをくらべると、最初の五文字に、二つとも「四音の名詞」に『や』がついている。
☆中の句を見ると、『さど』『いわ』は「二音の場所を示す名詞」、次の『に』は共通している。
☆『よこたう』も『しみいる』も「四音の動詞連体形」である。
☆下の句は「二音の名詞＋の＋二音の名詞」の形になっている。

つまり、結果から見直すと、文法的・語法的にまったく同じ型の語並びが用いられている。整理してみると、Ａ・Ｂは、

「四音名詞＋や／二音の場所を示す名詞＋に＋四音動詞連体形／二音の名詞＋の＋二音の名詞」

という型に整理できる。Ｃにも、上の句、下の句にＡ・Ｂと同じ型が用いられているのに気づく。芭蕉の句では、殊の外、この型をもった作品が著名で、今日まで生き続けているように思われる。この型（英語でいうとパターン）を使えば、作品にリズムが出て俳句らしいものができると考えた。俳句は十七音しかない。従って、結果的には自然のうちに型ができてしまうのではないか、と。

私の探りだしたパターンを左に記します。そのどれかを使って俳句を創作してみよう、と言って「パターン図」を次のように印刷したプリントを配布し、三つ以上は作っておいでと宿題にしました。
※私が用いた資料は、芭蕉、蕪村、一茶の句を載録した受験用参考書と、鷹羽狩行氏の書かれた上掲書中の作品です。

【俳句作品のパターン】（○は名詞　△は動詞　×は形容詞）

《初句》

1	○○○○○	（五音名詞）	例：いなびかり
2	○○○○＋の	（四音名詞＋の）	例：ライターの
3	○○○○＋や	（四音名詞＋や）	例：うぐいすや
4	○○○○＋を	（四音名詞＋を）	例：電柱を
5	○○○○＋に	（四音名詞＋に）	例：さえずりに
6	○○○＋△△	（三音名詞＋二音動詞）	例：よもぎ摘む
7	○○＋の＋○○	（二音名詞＋の＋二音名詞）	例：露の虫
8	○○＋△△△	（二音名詞＋三音動詞）	例：島出づる
9	○○＋△△＋て	（二音名詞＋二音動詞＋て）	例：滝落ちて
10	○○＋を＋△△	（二音名詞＋を＋二音動詞）	例：臼を碾き

《中の句》

俳句では、季語が時節や風物を示してくれるので、「いつ」についての説明は特別にはいりません。俳句の場合、心情表現、たとえば、「かわいそう」とか、「苦しい」とか「美しい」とか、特に形容詞、形容動詞で示されるようなことは表面的に出さず、「どこでだれがなにをどうした」かをありのままに表せば、結果として叙情味が出てくるというのが、ほんとうのところなのです。「いつ・どこで・なぜ」は季語や名詞でそれとなく表現していくしかありません。というわけで、中の句には、「……が〜を—した」または、

「……は〜のようだ（に）」というようなことを内容として詠むことになります。中の句は、上の句と下の句との関係で多様に変化するけれど、全般的には、「修飾部」（下の言葉を飾る表現）をつくることになりやすいようです。

《下の句》

イ	○○○○○	（五音名詞）	例：油虫　夏祭
ロ	○○○＋かな	（三音名詞＋切れ字「かな」）	例：寒さかな
ハ	○○＋△△△	（二音名詞＋三音動詞終止形）	例：神迎ふ
ニ	○○＋×××	（二音名詞＋三音形容詞）	例：秋高し
ホ	○○＋を＋△△	（二音名詞＋を＋二音動詞）	例：北を見る
ヘ	○○＋の＋○○	（二音名詞＋の＋二音名詞）	例：春の星
ト	△△＋にけり	（二音動詞の連用形＋にけり）	例：なりにけり
チ	△△△△＋り	（四音動詞の已然形＋り）	例：とどろけり

「そのほか、前に配った秀作64からも新しいパターンを自分でみつけだしてみてください」とも言い添えました。

俳句をこのようなパターンで実作させるについては、いかにも虚構丸出しであり、私自身ためらいがありました。けれど、雑誌『ひと』で、詩人大岡信氏が、芭蕉の「古池や」の句について語っておられたこと……〈(俳句は）創作の背景や事情によって、つづめて言えば、相手を想定し、円居の中で本来作られていたものである〉……と述べておられる言葉に後推しされ、実践してみることにしました。

言葉の遊びでいいじゃないかというとらえ方をし、むしろ「俳」の境地とは「遊び」の境地そのものではないかと開き直り、事前に『季寄せ』(角川書店編）から秋の季題をプリントして渡しておいて、生徒に家で十句ずつ作ってもらいました。次の作品は当日と翌日に提出された俳句作品例です。

秋の海　青竹一本　ながれつく
秋空や　熟年パワーの　ボール打ち
大いなる　海に向かいて　竿をふる
草刈場　コオロギねらい　鎌をふる
かげろうの　大群道を　うめつくす
甘柿や　虫に食われて　落ちにけり
秋の夜　港で一人　太刀魚をつる
電線に　ふわりととまる　赤とんぼ

せせらぎで　鮎の塩焼き　たべにけり
もみじ葉や　水面に浮かび　底に影
松茸の　においをかいで　売りに行く
赤とんぼ　夕日背に負い　旋回す
ほうせん花　力あまって　はじけとぶ
稲刈りの　終わったころに　日も暮れて
彼岸花　短き生命　華やかに
停車場の　やぶのしげみに　咲く野菊
自転車置き場にありいっぴき
いわし雲　池の中へと　入り込む
かげろうの　命はかなく　闇せまる

いかがでしょう。リズムが整うと、響きが俄然快くなります。あれこれと雑多な物事を添えず、ただ一つのことについてふたつのもののありさまを思い浮かべ、五七五の、初句の五音を決めてスッと言い下すと言葉がなかなかよい感じに響きあいます。偶然の産物とはいうものの、ハッとするような作品が提出されたら、出来上がった句についてその良さを丁寧に評価し、そこから学びが始まるというなりゆきです。古今の名句を見直すと言葉と言葉の響き合いこそ俳句の要点であることに気づかされます。物と物、音と音の醸す響き合いを楽しみながら学ぶ俳句作りの時間になりました。

次の時間、こうしてリズムをつかみ、頭の中でイメージを組み合わせつつ俳句をつくりあげてきた彼らに、もう一度、異なった作り方を試みさせてみました。

その際、生徒一人ひとりに図のようなフレームを作って渡しました。黄金分割の比率によって、縦横を切り抜いたつもりですが少々誤差が出ました。型枠の中にある焦点形象と背景の構図を定めて写生文を書き、それに依拠しながら俳句を創る試みです。

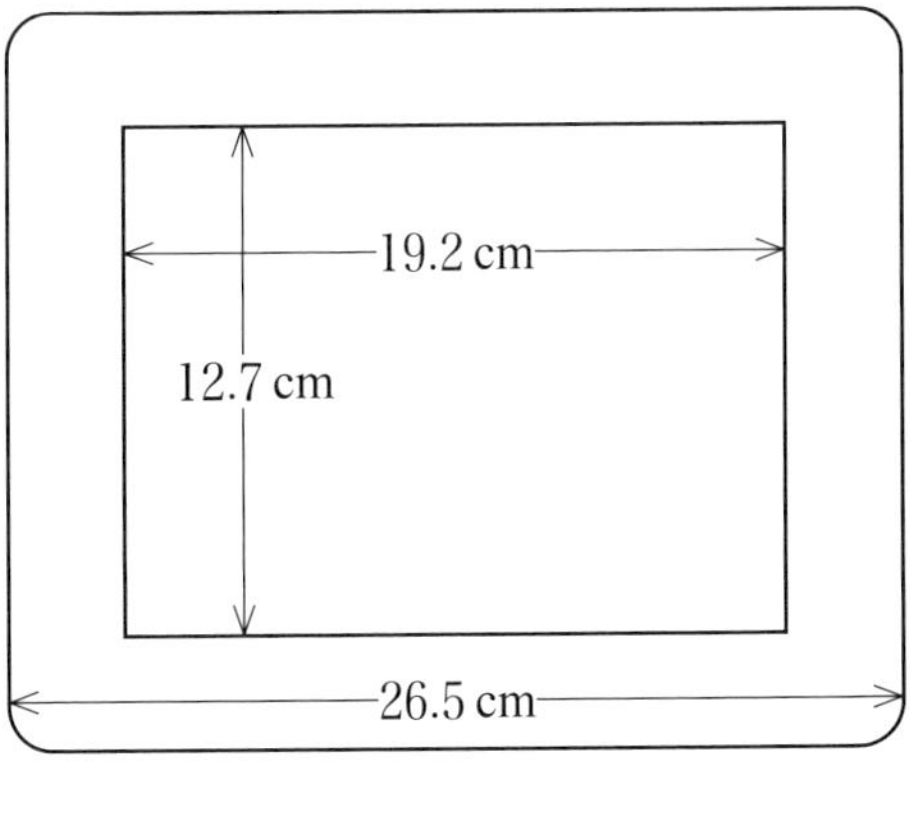

19.2 cm
12.7 cm
26.5 cm

江國滋さんが『俳句とあそぶ法』（朝日新聞社）で述べられている次の言葉が素材の探し方、見つけ方、捉え方、絞り方だと助言し、生徒たちを、静かに教室から出し、校地内での取材に送りだしました。

「目にしたさまを、そのまますなおに吟じればそれでいい。その時、あれも詠もう、これも詠もう、と欲ばらないことである。『見たさま』そのままといっても、ほんとの『そのまま』ではちょっと困る。『見たさま』に、あとは引き算が必要である。くれぐれも、この段階で足し算をしないように。つまり、眼前の事物から、雑物を排除していって、焦点を一つにしぼるのである。その上で、仕上げをしたければ、お化粧をととのえればいい。厚化粧は禁物。べにを、ちょっとさす程度である。『見たさま』プラス『一語の工夫』すなわち、この段階で足し算をするのである。」

提出された作品は次のようなものでした。

【生徒作品】

☆とかげの子どもがゆっくりゆっくり歩いている。舌をペロペロだして、おなかをピクピクさせて一カ所をじっと見つめている。そして、いっきに走り出す。またたちどまり、そして、あるく、またたちどまる。そのくり返し。草のかげや石の割れめにはいったり出たり……、いつの間にか姿を消していた。

◎とかげの子じっと大地を見つづける

☆青い空にとびが一羽、はじめは低いところでまわっていたが、だんだん大きな狐〈注……弧〉を描きながら上がっていった。そして、どこかへいってしまった。カラスがまっすぐに横切っていった。うすい雲が細長くかかっている。またとびがとんできて、さっきと同じようにまわっていった。何度もきてはどこかへとんでゆく。別のとびが林の合間から見える山の上をとんでいる。赤とんぼがとんできた。すすきのほの上にとまった。首をふってまわりを見ている。羽を休ませているのだろうか。

◎太陽の光をうけてとびが舞う

☆コスモスが咲いている。ピンクとそれよりもちょっと濃いピンクの二種類のコスモスが咲いている。中には、小さなつぼみもたくさんある。コスモスの上のほうの葉、茎はちょっと細いけど、緑色で生き生きしている。でも、下のほうを見ると、茶色に枯れている。だけど、上のくきをしっかりささえている。風が吹いて、右へ左へゆらゆらゆれている。どのコスモスも一様に太陽のほうに向かって咲いている。風が吹いたりやんだりしている。それにつれてコスモスがゆれてはとまり、ゆれてはとまり、それをくりかえしている。

◎コスモスの花一様に陽に向かう

⑺　川柳を作る授業のこと

「川柳というのは、五・七・五の十七音でつくられた笑いの文芸で、俳句とは、こんなところが異なっています。」と言って、本質的なことと事例を紹介しました。これもプリント説明方式です。

一　川柳には季語がいらない。
二　川柳には切れ字もいらないし、字数にこだわらないし、どんな形でもかまわない。
三　素材は人間をめぐるすべてのこと。たとえば、政治・教育・芸能・親子関係・コマーシャル・ことわざなどなんでもよい。
四　ただひとつ、「うがち」の精神だけは大切にすること。「うがつ」というのは、穴をほるとか、穴をあけるとかいうほどの意味である。表面には見えないものをほり出して、内部が見えるようにすることである。「普通には知られていない裏の事情をあばくこと。人情の機微など微妙な点を巧みに言い表すこと」と辞書には書いてある。いわれてみれば、たしかにそうだなあと思わせるようないいまわしのことである。要するに、五・七・五でよみ、聞き手に微苦笑がおこれば、それでいいのである。

【例】
寝ていても　団扇のうごく　親心
しかられる　たびに息子の　年が知れ
留吉は　一人息子の　名ではなし
突きあたり　何かささやき　蟻わかれ
母の名は　親仁の腕に　しなびて居
腹を切る　ことも教へて　可愛がり

など計14例、『川柳・狂歌』（浜田義一郎／教育社）より引用のうえ解説しました。

「ことわざやコマーシャルを利用してパロディをつくるのもよい」といって、実作してもらいました。

川柳の「うがち」は俳句の「ひねり」に通じるのではないか。「ひねり」についての基本的なものの見方や考え方と表現の仕方について気づかせてくれるのではないかと思いながら試みました。今思えば「ひねり」も「うがち」も作る人の「心的過程」そのものの最適な顕れになっています。

【生徒作品】　S高校にて

①やぶかとぶ　わざとかませて　あとたたく
②落書きの　ある机ほど　見て楽し
③雨降って　地かたまるとは　ウソである
④仲のよい　親友ほどに　信じれず
⑤わが部屋が　できたとたんに　閉じこもる
⑥校長は　最後最後と　また話す
⑦授業中　頭の中は　休養中
⑧授業中　五分経つたび　時計見る
⑨テスト勉強　あかりつければ　親安心
⑩カンニング　するよりされる　人になれ

⑪掃除中　いつも二人は　立ち話
⑫うちの猫　ヘビをくわえて　見せにくる
⑬日焼けして　やせてみえない　太い足
⑭うちの猫　おなかがすけば　ひざにのる
⑮はじめてだ　まじめに作品　出すなんて

同じように指導した、T高校での作品はつぎのとおりです。今では少々古い話題もあります。

①三年も　たってどうなる　石の上
②初めての　海外旅行　ＰＫＯ
③会話中　「ウソ」とひとこと　うそじゃない
④父の腹　横目で見ながら　ブタを食う
⑤金丸さん　金をおとせば　丸になる
⑥親友と　いえばいうほど　ウソになる
⑦プレゼント　必ずチェックする値段
⑧長電話　背中に父の　眼が痛い
⑨税金を　払うになぜない　選挙権　※消費税導入の頃でした。
⑩かごのなか　残るはすべて　青みかん

川柳には、斜め後ろから世相を眺めているような趣があります。

この後、卒業していく生徒たちは、世間的な常識や理不尽なおしつけにあれこれ悩むことがきっとあると想像しました。

上から、横からの力に対して、ほどよい間隔と位置取りをし、状況をうまく切り取って、心は健全に保ちながら言葉でうそぶけるようであってほしいと思いました。しんどい現実の中にあっても、しゃれっ気のある一人の大人、一民間人一市民として、自分と自分の心をしっかり保ち続けてほしいと願いつつ、川柳作りの授業は数校、数カ所で、私も好んで試みました。

他にも、地元岩国市の発行した資料を収集し、活性化に取り組む余地のある地方都市の有り様を紹介してアイデアを書かせた実践も試みました。書き切れないので割愛し、年間通して読解と表現を結んだ授業を生徒はどう捉えたかを次に記して、この章をまとめることにします。

□「表現」を主にした通年授業実践についての生徒の評価感想から

① 先生の意見だけが正しいのよー！　てゆうんじゃなかったからよかった。本文の中から答えなさいってゆうのならちがうけど、感想なんか40人いたら40人分全部ちがうじゃない。そうゆうとこ、おさえつけられなかったのがよろしかった。（※折り紙にして渡してくれました）

② 先生。今年一年間、お世話になりましたね。まあ、来年もお世話になることがあるかもしれ

ませんが、その時はよろしくお願いしますね。あたし国語、めっちゃ嫌いだったんだけど今は、ちょっと嫌いになったんだよ。これも先生のおかげ。先生の授業受けるまで、「国語って何勉強するんだよ。」っていつも勉強してなかったけど、今は、何を勉強すればよいかなんとなくつかめてきたんだ。なんとなくだけどね。じゃあね。（※これも折り紙）

③私は、以前から本（マンガも含む）を読むことがすごく大好きだった。けど、感想文とかを自分で書くのは大ッ嫌いで、あーあたしには文を書く才能はないんだなあー、と思っていた。だけど、課題で出された俳句とか、いざ書いてみるとなったら、けっこう楽しかった。「ものを書く」ってことがけっこう好きになった。そこの所は感謝しています！　うん。だから、これからもあーいう課題をどんどん出して欲しいと思うよ。おしまい。

④詩を作ったりするのが楽しかったです。本当は、もっと作ったりしたかったな。

⑤この一年間で、日ごろあまり文章をかかない私が、授業でかなり書いたと思います。今まで知らなかったことも文章を書くときに必要だということがたくさんわかりました。

⑥授業はおもしろかった。とくに先生がいろいろな本を紹介してくださるので、前に比べて本に興味を持つようになった。それに小さい頃に読んだ絵本や小説も改めて読み直して今まで

と違うものを感じた。本はいいなと思えるようになった。あと、小論文の練習とかもよかった。やっぱり何度もくり返し書いてみないとうまく書けないし作文のようになってしまうので来年もやってほしい。

⑦別に何の不満もない授業で楽しかったです。論文を書くのはけっこうおもしろくてよいと思います。いろんな人の文や考え方や構成もみたいので、これからもプリントして刷っていただければ幸いです。

概ね、表現に関する分野については受け入れられたように自己評価しました。ただ、二、三の感想に、プリントの説明をもう少し丁寧に、易しくしてほしかったというのがありました。確かに、時間に迫られて、完璧を求める子には十分な説明ができなかったし、使いこなしてほしいという願いからあえて難解ぎみな漢熟語を使うようにしてきました。この後の大切な検討課題となりました。

1年間を通して、いわゆる現代文の時間に表現の時間を取り込むのは、正直なところ大変な作業でした。勢い、宿題にすることも少なくありませんでした。ただ、私は常々表現に関する力をつけるのに、公の場、とりわけ学校という場はふさわしくないように思っています。文の種類にもよるけれど、家庭に持ち帰り、家族に尋ねたり、自分で辞書を引いて調べたりという作業をすることは決して悪くないとも思うのです。家での作業は誰の監視も干渉も受けないから、自分自身への倫理観に従うしかありません。でも、高校生なのです。自分の心を見つめたり解放したりするには自由な所に身を置き、言葉を用いてああでもないこうでもないと迷い、形になりにくいことを言葉で定めることができた瞬間、憑きものが落ちたような爽快感が味わえると自分の経験からして信じています。

今回掲載した作品群も、その3分の2以上は家庭で仕上げられています。仲のよい親子だったら机に向かって奮闘している我が子の姿は、自分の経験からしても何だか頼もしく見えるものです。省みて、現代文の授業に関連づけて「表現」を組み込む意味は大いにありそうだと結論しました。

口幅ったいことを申しあげます。生徒以上に読み、生徒以上に書き、生徒以上に聴き、語り、踊り、歌うなどの鍛錬をせずに、生徒に力をつけることは困難であると感じます。教師「自ら書く」のは国語教室における表現力涵養の大原則だと信じます。国語の表現分野は、学習特性として、芸術科や体育、技術・家庭科などと通じ、日本語がこの国で暮らす者の基盤である以上、学びの生涯学習は我々国語教師にとっては宿命に近いものだと考えられます。少なくとも「表現」領域だけは、我々が国語教員としての自負を守る最後の砦として護り、押し返し、生徒の心に何らかの衝撃を与え続け、表現意欲を挑発、喚起する義務がきっとあるはずだという思いを強くする1年間でした。

第七章 「心的過程」から表現・理解へ

私たちは、社会生活を円滑に営む上で、表現と理解の立場を換えながら、互いに自分の「思考・判断・要望……」などを具体的な「〜たい」ことや「〜てほしい」ことに変え、瞬時にその「場面」の相手の個性・状況・感情などを弁別しながら、随時、よりよい待遇表現を探り、反応し、対応しています。

その際に心（頭）の中では、「相手の人物の情報全体に配慮する」↓「判断する」↓「対応法の選択」↓「具体的な言語表現」↓「相手の反応を確認する」という順で、瞬時に段どっているようです。どんなに短い物言いであっても、相手への配慮を思い巡らし「初め・中・終わり」のプロセスは心の中で順序よく認識して、所期の「生活目的の達成」を願って表現しているのではないかと考えられます。

浜本純逸先生が責任編集された『時枝誠記』から時枝博士のお言葉を抜き書きしてみます。

「言語過程説は、言語の習得を」、「表現と理解の習慣の獲得である、と考える。したがって、国語教育の目的は、その習慣の獲得をさせ保持させるところにある。」と記されています。

平明に言えばこうなるでしょう。言語過程説による「国語教育は、（私たちが暮らす上での生活目標を達成、保持するために）言語主体として、より精確に相手の心情を察して理解し、場面に応じて、最適な表現をすることができる習慣を手に入れさせて保ち続けさせることである」と。

つまり、「普段の生活がスムーズに行えて、目的を果たせるようにするために、ものの言い方や書き方、聞き方、読み方に責任をもち、しっかり身につけ続けましょう」と、いうことになるのでしょう。

そのためにも、心の中でうまく理解から表現への順序を整え、どういう状況下にある相手にも受け入れてもらえ、用が足せるような聞き方言い方ができることはとても大事です。自分の「～たい」、相手への「～てほしい」と思う気持ちや感情を相手に過不足なく伝えて念い願っていたことを実現し、相手の求めにも過不足なく応じる言動を返すことができる聴き方を身につけ、コミュニケーション能力を高めよう、という意味合いにもなりましょう。

第六章で様々な生徒の作品例を載せています。俳句でも短歌でも川柳でもよいのですが、心的過程を活かした表現理解ということを一つの方法として考えるなら、どういう作品を評価することになるのかというと、私は、具体的にこうとらえています。

基本的な考え方は、『改稿　国語教育の方法』に記されています。時枝博士の用いられた、言語成立の三つの条件である「言語主体」「場面」「素材」については、本書72頁を参照して下さい。

1　まずは、作品を提出すること。（全員が提出する習慣づくりが、実はもっとも大きな課題です）

2　上から下へと読み下したときに、スッと読めて、脳裏に思い描ける。独自性があり、ハッとさせられる文言が効果的に用いられていること。

3　言いたいことが思い描けるよう感覚的、具体的表現で記されており、彩りが感じ取れること。

4　例えば、短歌や俳句であれば、5↓7↓5↓7↓7または5↓7↓5という形式が醸すリズムがあり、仮名文字が多めで、漢字とのバランスがよい。発声上、ひびきへの配慮があること。

5　上から下へと作品を読み下したとき、言いたい一つのことがらが一本の流れのように耳に届き、言いたいことがだれにでもわかりやすく伝わること。

書かれた表現を元に、書いた生徒の眼の動きを想定し追体験してみると、佳作は、時間の流れが下敷きになって、ものとものとが一つの背景の前で関わり合っている状況（有り様）が適切な一連の言葉でうまく映し出されています。生活場面の断片が無駄なく切り取られ無理なく言下に書き下ろされています。そして、その文言がもう一つの概念や状況を思い起こさせる作品になっているのが特徴です。

195頁掲載の短歌を二首採り上げてみます。俳句は、写生文を伴う作品でご理解ください。

◎ふわふわと旅してまわる毛やほこり落ち着く場所はどこにもないね

「擬人法」で始まります。「毛やほこり」という常識的には汚いものを「ふわふわと旅してまわる」と温もりのある視点で捉えます。掃除でもしているのでしょうか、さし込む光の中でそれが浮遊するばかりの様子が思い浮かびます。末尾の「ね」に詠み手の心情がこもります。一気に「ね」まで言い切られています。結果的に綿毛や塵埃の様に共感する詠み手の心情が浮かび上ります。

◎洗濯機と壁のすきまに変色しただれもひろわぬヘアピンがある

見えたままの光景が詠まれています。誰もが何気なく一度は経験したような光景です。けれども、こうして五七五七七のリズムにのせ、言葉を連ねて一気に読み下すと「ハッ」とさせられます。「変色しただれもひろわぬヘアピン」という一連の語句で醸し出される象徴的な形象によって気づかれることもなく棄て置かれ変色したものの存在に共感している詠み手の心情が浮かび上がります。少なくとも作品を読む私の心は詠み手の心情をよどみなく理解でき、共感を触発されました。

詠みぶりは、俵万智さんの『サラダ記念日』の作品群のようで、わかりやすく伝わってきます。俵さんのお師匠さん、佐佐木幸綱氏のご助言、「具体的に細部を……」と仰る文言は至言だと改めて感じ入ります。

そういう視点を培う上で現職にあった時に試みたことや期待できそうな着想等を記します。

①毎朝、ＳＨＲで全員に４行４文以上の文章を提出させ学級新聞に掲載して日刊で届ける。

②毎日活字に馴染むよう、関心を呼びそうな新聞の記事を簡潔にまとめて学級新聞に載せる。
③図書室には数人で囲める大きめの机があります。あえて活用する企画を立てましょう。
④朝日新聞社版『AERA』という写真雑誌があります。私は創刊号から定期購読していたから、当時は何冊も所有しており、受講生35人に各自異なった冊子を配布しました。写真を主にして、記者達による5W1Hの整った記事が書かれており、書き出し文の型を3通り決めておいて、小論文を書かせました。各々が興味を覚えた事件や事故や新発見記事を摘出し、主体的な解釈をするようにしむけて、まとまりのよい文章を書かせるようにしました。
⑤漢文で、「天道、是か非か」を採りあげ、「是」派「非」派に分けて紙上ディベートをしました。
⑥漢字熟語の「対義語」「同義語」を訓読みして形象化を図りました。「非・不・無」の漢文における使い分けなどの語法を紹介し、60の部首を手書きの絵入りで紹介し、部首の組み合わせによって新漢字を創作させ、意味と読みを「こじつけ」させて形声文字に仕立て、漢字字典を試作して全員に配布・紹介しました。

□文章は、第一文を読みきれなければ、後は当然うやむやになってしまいます。「心的過程」を重んじる場合、「読解」については具体的にどう考えられ、どんな手だてや工夫を要するのでしょうか。
『文章表現法　解説・資料三訂版』（林四郎・小林一仁編著／秀英出版）の資料に、時枝博士が書かれた「伝達の種々相〈正解、誤解、曲解について〉」という文章が掲載されています。博士が

「正しい理解」について書かれた部分を「　」内に、編著者の解説を《　》内に引用して記します。

「正しい理解とは、聞き手において、話し手とほぼ同様な概念が喚起された場合である。概念の肉付けにおいて異なっていても、それは、正しい理解と言うべきであろう。概念的には理解出来ても、切実な共感を呼び起こさないのは、受け取るものの体験が、そこまで到達していない場合で、理解の深さの問題ではあるが、誤った理解であるとは言うことは出来ない。」

【解説】《言語は、話し手の表現行為として、また聞き手の理解行為として成立する。そして、表現は必ず理解を期待し、理解はまた表現を前提として行われる。従って、具体的には、常に表現より理解への流れが形成され、話手の思想が聞き手に伝達されて、始めて言語の機能が発揮される。また、言語は、個物を個物として、表現するものではなく、一旦これを概念化し、その概念を音声あるいは文字に移行して聞き手の感覚を刺激するものであり、更にこれらの刺激からある思想を再生するには、全く聞き手の連合作用に依存するものであって、話し手の思想が聞き手に伝達される保証というものは、言語それ自体には存しない。》

「概念」というのは、「おおよその思いや考え」を意味しています。表現する者が選ぶ言葉には特定の個物がイメージされていても、「言葉」にした瞬間から、「だれにでも伝わるようなおおよそのものごと」に姿が変わります。それでも人間がそれまでの経験や習慣や質疑などによって、「話し手とほぼ同様な概念が喚起された場合」は、「正しい理解」だと博士は仰っています。

「心的過程」を重んじて教材を探し、文章を読解する際、次のようなことを心がけて工夫します。

1　だれもが、読みたくなるような教材や作品であること。古語に「ゆかし」という言葉がありました。「見たい・聞きたい・知りたい……」など昂揚する気持ちを挑発する教材を探し出すこと。

2　第一文を読む前に、早く読んでみたくなるような先取り解説を「国語通信」等で伝えておく。

3　第一文をゆっくり丁寧に自力で形象化しながら読むよう促す。「概念」だけで、わかりにくそうな語句は、予め辞書で下調べできるようプリントして渡しておきます。

4　「過程」をつかむには、「上から」と、「下まで」の欠落部を捕足させます。「上」とは「誰が・何が」（主語）を明確にすること。また、「修飾・被修飾」関係とそれがそこに置かれた理由を確認させます。

5　評論文や説明文では、「接続詞」「接続助詞」を確認し、その働きを前後の文章で確認します。

6　日本語は膠着語だから、末尾の助動詞が、表現主体のどういう判断を示して文を統括し、助詞が話し手や書き手のどういう立場やニュアンスを添えているか確認します。

7　「のだ」「のです」「のである」で締め括られた主題文に重点を置いて読むクセをつけさせます。

8　第一文をきちんと読めたら、第二文。それが済んだら第三文……と丁寧に読み進め、段落の終わりまできちんと形象化されているか確認します。不十分なら具体例をあげて補います。

9　文と文との関係は、①言い換え、②対比、③因果、④抽象化・具体化の４種類と⑤テーマ

（課題）とまとめ（のである文）の形、計5種類について、折々確認します。また、慣れるまでは、段落内での「初め・中・終わり」に該当することがらを確認します。ＯＫなら前に進めます。

10　小説なども、授業主体としての私の「教材観」を整えるために、授業で用いる教材全体の構図をＡ４用紙を横にして縦書きし、一枚にまとめます。それを基に授業展開に必要な《次へのつなぎになり》、《質問が出そうで》、《誰かに訊ねてみたくなりそうな》しかけをして授業に臨みます。

不世出の陶芸家河井寛次郎氏に次のような挿話があるそうです。

　戦争末期のある時、場所は、京都伏見の山中であったといいます。河井氏がふと目の前の栗の木に目をやると、虫がたくさん這っていて、葉っぱがボロボロになっていたそうです。それを見て、「ああ、この葉っぱはいまの日本と同じだな」と思ったというのですが、次の瞬間、「虫は葉っぱに養われ、葉っぱは虫を養っている」という思いが突然閃いて、心が開けたともいいます。家に帰ると家族を集め、興奮気味に「何も心配することはない。この世はこのままで調和しているんだ。この戦争の結末がどうなろうと、これでいいんだ」と語ったのだと。

　一子、須也子さんが話されたお話なのだそうです。

（雑誌『致知』２００５年1月号掲載記事より）

「虫は葉っぱを食い、葉っぱは虫に食われている」の、「食う」を「養う」という語に転じたところに河井氏独自の深い物の捉え方がうかがえます。この表現の違い一つから心的過程が顕れてきます。

日々の心がけとして、目の前のものごとのリアルな動きを「初め・中・終わり」として継続的に観察し、「似ている」、「〜過ぎている」、「偏っている」、「過不足がある」……など、何かに気づくことが大切です。話を聞くときも同じく、話し手の言葉の運びに耳を澄まして聴き、「状況をピタッと言い切っている」、「筋が通っている」、「思い込みではないか」などと意識的にとらえる力を培うことも大切です。相手が置かれている環境や背景や事情を思いやり、相手の言葉への関心度を高めて理解し、待遇表現を磨いて相手から味わいの深い言葉を教わろうとする心がけが肝心だと考えます。

国語の学習は、誕生したときから始まります。生まれたお家の言葉環境、とりわけ赤ん坊の時に周囲から反応を返してもらえ、家族のゆとりの中でお互いの存在を思いやり、温かい言葉に包まれ続けることは目には見えない大きな滋養になっていきます。それがその子の「心的過程」を形成し、その子が当事者として社会と向き合える時宜に適えば、どんな言葉も自然と心の糧に転じるはずです。言葉も食べ物同様、何でもよく噛んで飲むことが人間形成にも必須なことなのでしょう。たかが言葉のことですが、喜怒哀楽の情念も言葉によって学ばれ、長期記憶に蓄積され続けます。『宇宙を味方にする方程式』（小林正観／致知出版社）に載っていたお話です。

その本の筆者がラジオで聴取した動物学者の言に拠れば、「動物って痛みを感じないんですよ。」「骨が折れたりして、その結果歩きにくくなって片足で歩いている事はありますが、痛みは感じないんです。言語がないからです。」「痛みというのは痛いという概念を言葉に置きかえて認識したから痛いというようになったのであって、痛みを感じるのは人間だけ。言語による学習によって痛みは始まるのです。」と。

心で起こる漠然とした不安や困惑等も言葉による客観化によって整理すれば、昇華もできます。今回、言語過程説に拠る国語教育について再考したのですが、時枝博士の国語教育への思い入れの深さも改めて強く感じました。

例えば、特定の思想などに感化させようとする方向性を「惚れさせる国語教育」と呼んで忌避されています。国語は、教科の特性もあり、乳幼児期から学びが始まっています。肉親や親しい人の感極まった言葉は感化しやすい傾向が強く、油断すると思想伝達教育に堕してしまう虞が大きい。時枝博士は、京城帝大教授のときに責任ある立場におられ、戦争の弊害を否応なく被られたようです。それゆえでしょうか、「どのやうに読むべきか、どのやうに書くべきかを教え」、「自分の表現が、相手に理解されるやうに、適切に整えられてゐるであらうか。徒に相手を刺激することはないか、表現に虚偽や誇張はないかと、自問し反省するところに、国語科における人間教育があるのである。」と、『改稿　国語教育の方法』の中で切々と述べておられます。

同書、第七章の中で、時枝博士は「国語」の「勉強」が他教科とどう違うかについて、とりわけ「教科書」についてこう記しておられます。（　）内に私の言葉で補足し、要所を引用しながら記します。


「……教科書は、国語教育の死活を制するものであると見なければならないのである。」

「私は、国語教育の目標を、生徒が、言語的実践（話す、聞く、書く、読む）を遂行することが出来る、能力を身につけさせることにあるとする能力主義の立場から、国語教科書を、能力錬磨の場であるとするのである。」「それは、自動車教習所の練習コースと同じものである。」

「これだけの言語能力を獲得すれば、やがては独力で、素晴らしい読み物に接して、知識なり思想なりを手に入れることが出来るであらうといふことが見通されてゐる練習コースなのである。」（時枝博士が仰るように、）「国語教育の目標を、言語的実践の方法技能を教へる『かた』の教育であるとするならば、教科書観も、当然、右のやうに改められなければならないのである。」

「次に、」「教科書を、規範典型を示すものと見た場合でも、資料集と見た場合でも、能力をつける練習コースと見た場合でも、すべて読むことの教育のためである。国語教科書は、読物集であるとするのが、一般の通念である。」（例えば、作文指導の場合、）「教材集としての教科書から、実践の指導書としての教科書に移ったことになるのであるが、」「余りに指導法が希薄であることを、」「第二の問題として」（取りあげたい。）

「第三に、国語教科書と、他教科の教科書との性質の相違について比較検討することが必要である。」「第一に重要なことは、（教科）それぞれに対する生徒の学習態度・立場の相違があるということに対する認識である。」「理科の場合は、読むことは全く手段である。読むことによって得た知識が問題である。ところが、国語科においては、読むことそれ自身が問題なのである。国語教科書では、教材が提出されるだけで、それに対して何を学習するかの指示が与へられないのが普通であった。教科書が読物集である場合には、読み物として、これに対すればよいのであるが、読むことの何を学習するかは、全く教師に委ねられてしまってゐるといふ形である。」

「指導性が希薄であること」を訴えられつつ、「国語教育の目標をどこに置くかによって自づから決着する」と括っておられます。つまり、博士の場合、「国語教育は言語技術の教育である」というところに逢着します。次は、これまでに申し述べたことの繰り返しにもなりますがあえて記します。

「……言語行為は、話手あるいは読手が、自己の表現行為あるいは理解行為を、種々な目的に応じて、調整することによって成立する。そこには、目的意識と同時に、その目的を実現するのに必要な技術を伴ふ。しかもその技術は」「表現行為、理解行為といふ、自己の行為そのものを調整するところの技術である。」「その技術の最も重要なものは、自己を相手に適応させようとする技術であって、それは倫理的行為の根本にある技術と同じものであるといふことが出来る。」「言語行為の中から、技術の概念を抽出出来たといふことは、言語過程説の大きな特色である。」「能力は技術によって具体化され、」「国語教育の目標は、『方』の反復練習によって能力を習得する技術に他ならない。」

Mさんの疑問「何を」「どう」に対する答えを博士の叙述から抽出すれば、次のようにまとめられるでしょう。

《国語の学習対象は、『方(かた)』の反復練習によって能力を習得する技術に他ならない。これだけの言語能力を獲得すれば、やがては独力で素晴らしい読み物に接して、知識なり思想なりを手に入れることが出来るであらうという見通しのもとに、話手あるいは読手が、自己の表現行為あるいは理解行為を通して、種々な目的に応じ、調整することによって成立する。そこには、目的意識と同時に、その目的を実現するのに必要な技術を伴う。しかもその技術は、表現行為、理解行為という、自己の行為そのものを調整する技術である。その技術の最も重要なものは、自己を相手に適応させようとする技術であって、それは倫理的行為の根本にある技術と同じものであるということが出来る。》

私は、国語教育のあるべき方向性も手だても知らず、『国語学原論』を精確に読み切れた自信もないまま教壇に立ちました。やみくもに授業展開しながら、「読む・書く・聞く・話す」という言語行為そのものが言語の実態であることは腑に落ちましたし、虚構を主にした表現技術を授業の合間合間にしかけてきて、「その技術の最も重要なものは、自己を相手に適応させようとする技術であって、それは倫理的行為の根本にある技術と同じものであるということが出来る」と記された文言は今なお、さらにさらに腑に落ちます。

「言語過程説」の根幹にあるこのような理念を国語の具体的な授業に活かさないのは勿体ないというのが、地方の高校で50年近く教育現場に関わった私の思いです。「聴くこと・話すこと」についても授業構成及び実践上の大きな手がかりを今もなお秘めている貴重な学説であると私は思い巡らしています。

第八章　国語と国語教育にかかること

1 たとえば子規の和歌のこと

くれなゐの二尺伸びたる薔薇の芽の針やはらかに春雨のふる　　正岡子規

子規庵で、病床から見える庭は子規にとって何よりの慰みであり、表現素材が控える大眺望であったことかと思われます。仕上げた決定稿の一首がこれです。写生とはいえ、多様な添削の末に得られた作品であろうし、きっと教科書を通して数多（あまた）の日本人の目に触れてきたことでしょう。

さて、授業になると、私どもは、書かれている「こと」にずれが生じないように調べたり、調べさせたりして、生徒全員の一応の共通理解を図ることになります。その上で見届けたいのは、子規とこの歌との出会いであり、顛末の物語なのだと思います。この短歌を詠んだ子規の情況がどのようなものであり、ほかならぬ春雨のふる中にたたずみ、やがて紅色の花が咲くであろう薔薇の長い枝に萌した紅色の芽と針との取り合わせにどのような発見や気づきがあったのかについて、「わけ」を確認する作業がいります。その根拠の探索行程を吟味せず、イメージ化に失敗したりなどすると、ごく平板な授業で終わってしまうことになりかねません。

この年の8月、子規は大量の喀血をし、秋には写生文を提唱します。この歌も「写生」の手法によっていると考えられ、叙景歌のように解釈されがちなのですが、詠み人子規が「針やはらかに春雨のふる」と結んだ下の句に独自の心的過程の顕現を私は感じ取ります。つまり、病魔のもたらす我が身の激痛を「針」と見立て、そのような苦痛をも癒やすような「春雨」が「ふる」有り様を「やはらかに」という「心的」修飾語で書き留めたがゆえに今日まで命脈を保つ作品になったのであろうと。

長い闘病生活の中で子規が記した短歌や俳句の一つ一つを軽く見てはならないでしょう。死を意識しながら、捉えた光景がどうすれば読者の中で起ち上がってくるか考え、窮極にたどり着いたのが「写生」という方法であり、「写生文」であると考えられます。

自分だけに訪れてくれる「今」というかけがえのない時間に正対し、生身の人間として限られた病床六尺の宇宙にうごめくものの細部を、子規ならではの心構えと感覚で、具体的且つ丁寧な文言によって写しとり続けた唯一の作品として向き合ってこそ、子規の作品から教わることが幾つも浮かび上がってきそうです。

「写生」は「生を写す」という意味です。われわれ生物にとって、呼吸と鼓動に支えられた目の前の一瞬一瞬のみが心や感覚でとらえられる現実であり、それ以上にリアルなことは存在しません。

子規は眼前の空間の生々しいありさまを写しては添削し、同時に自分の生を二重写しにして歌に封じ込めながら、限られた時間を豊かに送った人だったとは考えられないでしょうか。子規の作品を教材化する場合、「今」をたえず新たに捉え直そうとした文芸改革者であったと再認識する必要がありそうです。

教材研究をするとき、その対象となる人物の為人(ひととなり)に関心が高く、崇敬の念をもって独自の視点から研究を進め、わかりやすい説明をされている方のお言葉を頼りにしています。

例えば、子規に関して言えば、司馬遼太郎さん。講演会で語られた司馬さんの講話記録を読むと、方向性の定まらなかった日本人の言葉や文章が今日のように誰もがその気になれば自在に書けるようになったのは子規のおかげ以外のなにものでもないという感想が随所に見いだせます。

司馬さんが拾い出された、写生について、子規が遺した言葉を記します。

「写生とは、物をありのままに見ることである。われわれは物をみることがきわめて少ない」と。

さて、子規の「ありのまま」ということについて私は次のように捉えています。例えば、次の歌。


瓶にさす藤の花ぶさみじかければ畳の上にとどかざりけり

子規の客観的視点から情景を余さず写実的に書き留めているようですが、「みじかければ」と「とどかざりけり」には、子規の主観がうかがえます。「みじかいので」という理由づけ表現がそうです。

また、「とどく」というのは、『基礎日本語』（森田良行／角川書店）によると、「伸び進んで」とか「発して達する」という意思を伴うニュアンスを含んでおり、「つく」とは異なると説明されています。そこにこそ、作者子規の心的過程が介在し、文芸性が担保されているのだとはいえないでしょうか。

いちはつの花咲きいでて我が目には今年ばかりの春行かんとす

この歌では「我が目には今年ばかりの」とあり、「には」「ばかり」という助詞が醸す表現に子規の心的過程が反映されていますし、それゆえに作品の文芸性が担保されていると私は捉えています。「ありのまま」に物を見れば、必ず具合の悪いことも起きる。怖いことです。子規の場合、脊椎カリエスという死を覚悟せねばならない、リアルに生きざるを得ない病に取り憑かれていました。けれども、子規は、その苦境をも生きる糧として、再び事実を独自の目でありのままに見つめ直し、虚構して書き留めます。司馬さんはそこにこそ子規の「文芸改革への志があった」と見立て、「子規は、近代日本文化の劣等性を克服する唯一の方法として写生を提示したのだ」とされたのではないでしょうか。子規が求めていたのは、平易で誰にでもわかる具体的な表現方法でした。

限られた時間の中、すべての生を愛おしみ、寸分の時間をも惜しむリアルな生きざまを貫き、その証しとして心象に映えた「薔薇」や「藤」や「いちはつ」の有り様を文字に託し、書きとどめては具体的に形象化できる平易な表現方法を模索し続けていたのではないでしょうか。

そう思い巡らしてこそ子規の作品鑑賞のいとぐちが見つかるというところに子規の教材研究の大きな魅力も見いだせるのだと考えられます。

子規の求めたリアリズムは写実主義と訳され、まさしくイズムでした。「イズム」は志向であり、理念を現実のものにしようとする思想傾向です。リアルであらしめようと表現を模索し続けた子規のような人たちの心的過程に言葉を通して迫る手立ての具体化こそ国語教科に委ねられた使命のひとつだったのではないかと気づかされました。

②「教わり方（＝醸す心）」を育てるということ

雑巾、雑誌に雑魚、雑草……まだ名もなく、「雑」でくくられたものたちの世界には、多様性と可能性の萌しを感じます。静岡大学教授稲垣栄洋先生のご著書を拝読すると、雑草の有り様や生きざまから人としてあるべき方向性までも啓発されることが多数掲載されています。雑草をはじめ、生物というのは個性が豊かで、安易に妥協しないのだそうです。

『はずれ者が進化をつくる』（ちくまプリマー新書）に掲載されているご記述から引用します。

「人間が複雑な自然界を理解するときに『平均値』はとても便利です。そのため、人間は平均値を大切にします。そして、とにかく平均値と比べたがるのです。」「そのため、実験などではあまりに平均値からはずれたものは、取り除いて良いということになっています。」「しかし、実際の自然界には『平均値』はありません。『ふつう』もありません。あるのは、さまざまなものが存在している『多様性』です。」「自然界には、正解がありません。ですから、生物はたくさんの解答をつくり続けます。それが、多様性を生み続けるということです。」「かつて、それまで経験したことがないような大きな環境の変化に直面したとき、その環境に適応したのは、平均値から大きく離れたはずれ者でした。そして、やがては、『はずれ者』と呼ばれた個体が、標準になっていきます。そして、そのはずれ者がつくり出した集団の中から、さらにはずれた者が、新たな環境へと適応していきます。」「生物の進化は、こうして起こってきたと考えられています。」

個性を重んじ多様性を大切にしながら教育観を形成しようと考える場合、生物の進化を明らかにしたこんな文章を「比喩」として自らの立ち場に置き換えると、心の中にすっとおさまります。「教わる」というのは、自然やものごとの関係や有り様を比喩化し、言葉で取り込むということなのではないでしょうか。近頃の高校国語教科書には他教科に掲載されるべき内容の雑多な文章が多数掲載されています。雑然としている多様な言葉を関わらせるところから物事が動き始めます。「国語」教科書教材を中におき全教科の先生方との教科間交流があればきっと収穫をもたらします。ちなみに、「育てる」ことについて、発達心理学者の昌子武司先生はこう説明しておられます。

「『教える』というのは、知識と技術を伝えることであろう。それらのものを、自分の中で、他の知識や自分の経験と照らし合わせるとか、イメージしてみるとか、組み合わせてみる、……といった営みをすることが『育てる』ということであろう。これらの心の働きを『醸す心』と呼ぶことにしたい。要は、心の働かせ方の問題である。若いときから、この『醸す心』

を会得した人は幸せであろう。どうやら、身近にあるこの『醸す心』というものが、心の空洞の部分をある程度埋めてくれるように思う。」

（『育自私論』昌子武司／教育出版）

「醸す」には、未熟で未だ名もないもの同士が、雑然とした学校のような場所で、異質の他者と時間をかけて雑談し、刺激し合うことが必須なようです。「心的過程」も相手の心の世界に向かって、「はずれ者」同士が新たな共生環境を紡ぎ、醸し出そうとすることに他ならないことなのでしょう。

3 授業開き前に考査問題を作るということ

第1回の定期考査で出題する問題は、第1回の授業の前に完成させておいて授業構成を考案し、構想するのもなかなかよいのではないか……などと、つくづくそう思うようになりました。

学年初めの準備期間に1年間使用予定の教科書教材の文章を自分はどう読み、どういう問い方をすれば筆者の思惑と生徒の感性や知性や情念が響き合うかを想定しながら「問い」をせりだし予め磨き上げておくという対応策は、「国語」教科を担当した者としてぜひお奨めしたい手だてです。

何よりも、自分がいちばん教えたい教材の見通しが定まります。

本書の第四章に既述したように、遠山啓先生は、「観」すなわち教師がたてるべき「めあて・見通し・ものの見方や考え方」をもって日々の教育活動にあたるべきことを指し示され、林竹二先生も授業の出発点は、「教師のうちにある『教えたいもの』であって、教師の外にある、教えるべきものではない。」と断言しておられます。

「教えたいこと」というのは、児童生徒が卒業後、「あの時あの人に出会えて良かった」といってくれるようなことで、「教師が教育の現場で具体的に展開し」「生徒が身につけられるようなこと」が該当するのでしょう。林先生の場合なら、「吟味の仕方」であり、大河原忠蔵先生なら「状況認識の方法」であり、西郷竹彦先生なら「文芸学による読解法」になるのでしょう。ですから、「教えたいこと」を国語教科で見つけ出すには、授業する者が採りあげる他ならない文章を熟読し、問いを設け、その問いを介して「教えたいこと」、例えば、思考プロセスを確認する問いとか、典型的な読解ができる手だての習得を確認するための問題等を授業開始前に創ってみましょうとご提案したいのです。

読解上の問題点とわからない事柄を見つける過程を生徒らに課し、気づきやエピソードや筆者の優れた業績や考察を事前に探させ、授業の本丸に近づける。そのために指導者が、テキストを丁寧に数回読み、「比べる、辿る、言い換える」べき事柄を絞りこむなど、多角的な準備作業を楽しみながらとりかかると、きっとメリハリのついた授業展開が見通せるようになるはずだと思うのです。

進学を主とする高校で「現代文」の問題集読解の演習を引き受けたことがあります。見開き一、二頁分の文章が掲載されていて、まさしく小論文の典型のような文章や、小説の部分を切り取って、典型的な設問をあてがった問題文もありました。今時の入試問題に使用される文章は、専門分野の研究に優れた筆者の書かれたものが多くて興味をそそり、非常勤で出講したここ数年、テキスト掲載の文章原本については、ネット通販などを介して必ず取り寄せて講読したうえ、授業を開始するようにしました。

問いの作り方は、宮城教育大学で武田忠先生が学生さんとともに追究された実践と講義記録、『自ら考える授業への変革』（学陽書房）を参考にしました。

その宮城教育大学の学長だった林竹二先生が常におっしゃった「吟味」という行為は、まずもって、その教材を扱う指導者自身の教材に対する吟味から開始されなくてははじまりません。

私は、「吟味」ということばを、「確かめのための問い直し（本当にそうかと問い直し、本人の熟知したことばで置きかえられるかどうかを訊ねること）」だと定義しています。

指導する自分が構想し、目標に向かわせ、授業を進めるのだからまずは教材の吟味です。教材は、勿論１００％指導者自ら読み通しておかなければ授業中の吟味など始まらず、正解を求める問答に終始するのは自明のことです。

二度読み、それを否定するように三度目を読み、その文章の中の文言を用いて答えの吟味を師弟共々実施できるかどうかが、授業成否の分岐点になると予測できます。文章全体にわたり、最初の一文から始めて、二文、三文目へと、一文ずつ言葉をイメージしながら、読み手に沿った形象化を進め、最後までそれが可能かどうか事前確認することで、授業進行は手堅くなるはずです。

今日までに、中学校や短大含めて15校。多様な学校に勤務してやっと表現に活かす文章読解の方法も判り始めました。地域に根づく教育現場の低い教壇から入手できたことばかりです。

生徒の生きる力を高揚させるのは教育行政でもなければ、高等教育機関でもない。現場で、日々生徒の前で展開される授業であり、その内実だという大前提だけはゆるがせにできません。

ぜひ、学年初めの授業が開始されるまでに、第1回考査問題の作成を終えておきましょう。授業進度の目安にもなるし、授業で確認すべき要点や生徒たちから発せられる疑問なども想定でき、準備に勤しめば段取りもしやすくなり、なすべきこと用意すべきことが掴め、よいことずくめです。

「学ぶおもしろさ」に気づかせるには、生徒自らが問を創りあげていく力を引き出すことだと思います。専門外の事柄や知識は、他の教科の先生方や識者のいる現場に出かけて訊ねましょう。だれに何をどう訊ねれば教わることができるか。生徒自らが「教わり方」や「根拠の探し方」「探す手立て」なども織り込んで、生徒が多様な動きを試み始める授業を事前に構想すればきっとうまくいくと今は考えています。

4 生涯の中の国語

この項では、「　」を外して国語という言葉を記します。母語として日本語を用いるという意味では、誕生してから今日に至るまで、生活のなべてに私どものほとんどはこの国の言葉を使って用を足し続けていることになります。カジュアルな日々の言葉という意味で「　」を外しました。

私は、49歳のとき、T高校で、あるプロジェクトに関わることになりました。その関係で1年間だけ、授業の持ち時間をほぼ半減していただいたことがあります。第七章で記した1年間に亘る一連の授業を実施できたのは、その恩恵が下敷きになっています。新プロジェクトに従い、これから学校が変わるとして、自分がその時の「国語」の時間に出会うはずの生徒達の前で何をなすべきかを全力で考え、企画・構成・実践したものです。Mさんの感想も、その一年間の授業に対する評価でした。

国語の授業準備には実際、かけてもかけても足りないほど時間がかかります。オリジナル資料作成はもちろん、際限がないというのが本音です。とりわけ、表現を絡めると、後の処理に難渋します。助詞の一つで解釈も評価も変わります。生徒の日常を思い浮かべながら頭の中で作品の評価を進めました。それでも授業研究に専念できる時間は充分あり、本当に楽しく心豊かに過ごせました。

「国語」で、良い授業を担保するには事前。爾後の研究時間確保が最優先事項だと確信します。「国語」では、教員も生徒もゆとりある時間と笑いがあってこそ、互いに信頼感を交わせるのではないかと考えます。同年の秋、私の胃に腫瘍が見つかり胃の3分の2を切除されました。往時の担当職務には充実感があったし、内心、何があっても受け容れる思いで手術を受けることができました。

こういう吉凶込みの経験をしないと、人として生まれることが願ってもない幸運だということになかなか気づけません。しかも、自分自身の思い描いたようにすごし、実現できる幸せは言葉がないことにはありえません。言葉なしには、「仕合わせ（幸運）」を「幸せ」と感じとることすらできません。

そう思いながら齢を重ね、後の時代に生き続ける国語のあり方をも考えるようにもなりました。ご高齢で生涯現役を全うされた方々、たとえば詩人のまど・みちおさんや絵本作家やなせたかしさんのような方々が百歳前後で語られた言葉には揺らぎが一切感じられません。お二方とも、必ずしも恵まれた生い立ちではなく、何不自由のない境涯を送られたわけではありません。ご年齢がかさむ程々に作品を通して脚光を浴びる度合いが増しました。この世のあらゆるものの存在を認め、共感してこられました。争いを厭い、この国で平和に暮らし、人を思いやり、人としてあるべき姿を作品を通してとりわけ幼い子どもたちにそっと語りかけてこられたお二方だと感じています。

かくしゃくと高齢を生きる方々の特性は、ニュースに関心をもち、新聞を読み、意欲と好奇心が衰えず、人との交流を決していとわないところにあるのだそうです。そういう習慣やあり方が選べるのも人それぞれ持ち前の言葉次第です。生まれて今日までに身につけた言葉の選び方や発し方には、それぞれの心性が否応なく寄り添っています。筋道立っていれば思いや感情が必ず伝わるわけではなく、言葉の流れに寄り添って顕れる目に見えない心根（共感を呼ぶ心配りや思いやりなど）が相手の感性を生理的にヒットしないことには、相手の腑にも落ちず、言葉の力は発現されません。

生涯に亘る国語という言い方をするなら、たった今からでも相手の文脈に沿って思いを感じとり、相手の思惑を察しながら表現しようとする向き合い方に鍛え直すに如くはないと言えそうです。

あとがき

『脚本力』（倉本聰／幻冬舎新書）を読みました。ドラマをしかける脚本家が、作品を仕上げていく「心的過程」を理解するうえでも絶好の作品でした。こういう文言が書かれていました。

《僕、物書きの仕事で大事なことは、書くこと、つまり発信することじゃなくて、受信することと、受信力だと思ってるんですよ。要するに、五感――視覚、聴覚、嗅覚、触覚、味覚の総てを動員して、あらゆる現象を盗み取って吸収するということですよね。人は他人の言うことや、他人が書いたものを吸収して、それで受信したと錯覚しがちなんだけど、それは聴覚や視覚のみの受信でね、真の受信の半分にも達していないという気がするんです。》

もちろん、生徒諸君は物書きをめざしているわけではありません。けれども、「真の受信」という言葉がとても印象的です。「五感を総動員して、あらゆる現象を盗み取って吸収するということですよね。」という貪欲さが「真の受信」には不可欠だということになりましょうか。さらに言えば、それも整わぬまま発信する、表現することなどありえないということになります。

「学び舎」成立の形態としては、先に学ぼうとする者がいて、教わるに足る師が存在したということがもっとも仕合わせな巡り合わせだと考えられます。江戸時代末期の松下村塾や適塾などを思い巡らすまでもなく、学ぶ動機を持つ者、つまり、問いを発する者がいて答を師弟共々せり上げていくというのが「学び」の理想の形なのかもしれません。

学びには、先方の言葉を受容する脳のレディネスが不可欠です。まず、体力。次に場面に適応するための良好な感受性と開放的な受容体勢。さらに積極性などを保ち、継続していくことが欠かせません。日本のほとんどの学校では日本語を介して教材内容が送受信されています。数学、理科、社会、英語の教科科目が日本語によって授受される以上、それに臨む児童生徒の呼吸を整え、言葉に関する生徒たちの感受性の度合いを引き上げ、あらゆる現象を吸収したくさせる言葉によるしかけが求められます。国語の時間では、「学び方」こそが国語学習の中核であると再認識し、生徒を中心にした学級全体の受容体勢作りをたえず心がけることが肝心だと考えられます。

本書の標題に、『「国語」って、何勉強するんだよ』という挑発的に聞こえる命名をしました。こういう問いを投げかけてくる生徒は貴重です。50年の永きに亘って学校の「国語」を担当してきた者の一人として、その答のありかを探究し、２５０頁余り費やして私なりの答を模索して参りました。

倉本聰さんのお言葉からもう1カ所引用させていただきます。

《僕の最初の勉強って何かっていうとね、喫茶店に座って、隣のカップルの会話を盗聴することだった。電車の中とか他のところでも、とにかく人の会話を盗み聞くということがスタートでしたね。ものすごくメモします。それでわかってくることがある。

人は「こういうことを言ったら相手に伝わるだろうか」「こんな風に言ったら失礼だろうか」といったことを、いろいろ考えながら話すものなんです。つまり、考えている時間というものが「間」となって出てきて、その「間」のところで、本人の心の中の「インナーボイス」がすごく動いている。それが僕はシナリオというものの神髄なんじゃないかって思ってるんですよ。》

ここが、時枝博士の仰る「心的過程」と関わります。表現者は、博士の言葉でいえば「場面（相手を中心にした周囲の状況と情況をひっくるめた用語）」への配慮をし、その「インナーボイス（心のつぶやき）」を多様に思い巡らします。そうして、自分で選択・判断し、望ましい成果や行為・行動を求めて、待遇表現のことばで包んで、「相手を中心とする場面」に臨むことになります。

そのとき、脳内で用いられるのは、私どもにとって、幼児期から身につけてきた言葉――心の中のことば（「内言」）であり、それが日本語であれば、日本語の文法や表現理解のしかたに則って「思考・判断・表現」に至る心的行為が自然に行われていたはずです。ですから、乳幼児期以降、日本語を用いる場面での「心的過程」のあり方は決して疎かにはできないと思うのです。私が高校の「国語」授業で、様々な文章読解後に「虚構」を介在させては、「書く」という言語行為を試みさせたのも、読者（先生やクラスメイト）たちに配慮することが卒業後にもきっと役立つと考えてのことでした。

公に向かって発信する力は、複数の人に認知されることで強化されていく。説得力も周囲に認められてこそ伸びます。思いは書いてこそ確かめられ、認められ、詳細になり拡散して遺ります。

司馬遼太郎さんの『竜馬がゆく』（文春文庫）の中に、竜馬の取りなしで薩長同盟締結の段階に及びながら、桂小五郎の痛烈な薩摩批判で薩摩代表の西郷隆盛はにえきらない態度で応じ、両藩代表の会見が不首尾に終わろうとした場面が書かれています。あわてて西郷のもとに駆けつけた竜馬は過去の経緯を踏まえ、両者の思惑を察して、次のように西郷を諭します。


「西郷君、もうよいかげんに体面あそびはやめなさい。いや、よい。話はざっときいた。桂君の話をききながら、わしはなみだが出てどうにもならなんだ。」

竜馬は、「薩州があとに残って皇家につくすあらば、長州が幕軍の砲火にくずれ去るとも悔いはない」という桂の言葉をつたえ、

「いま桂を旅宿に待たせてある。さればすぐこれへよび、薩長連合の締盟をとげていただこう」

竜馬はそれだけを言い、あとは射るように西郷を見つめた。（……中略……）

あとは、感情の処理だけである。

桂の感情は果然硬化し、席をはらって帰国しようとした。薩摩側も、なお藩の体面と威厳のために黙している。

この段階で竜馬は西郷に、

「長州が可哀そうではないか」

と叫ぶようにいった。当夜の竜馬の発言は、ほとんどこのひとことしかない。
あとは、西郷を射すように見つめたまま、沈黙したからである。

これで薩長連合が成立し、江戸城無血開城へと歴史が動きます。もちろん、これは作者司馬遼太郎さんの歴史観、人物観などに基づく深慮と虚構できる文筆力のたまものであることは申すまでもありません。史実はいかようにもあれ、竜馬という一登場人物に、この重厚不穏な場面で、互いを理解させたうえ納得させるという、思い入れ深い対応をなさしめた文章は最高度に印象的です。

竜馬はやがて凶刃によって暗殺されますが、司馬さんが虚構された小説『竜馬がゆく』（文春文庫）で31年の境涯を読み解けば、一社会人の「心的過程」の典型的なあり方も垣間見えるのではないでしょうか。

今日の高校では、卒業時点で選挙権も与えられますので、卒業までに自立した大人としての義務及び一社会人としての責任と自覚が求められます。「国語」が担える「自立支援」があるとすれば、「言語主体としての自立」だと考えられます。基本的な生活習慣が維持できること。自分の衣食住をまかなえること。他者に迷惑をかけず義務や責任を果たせること。心と体を健やかに保てること。具体的な生活場面で、このような課題を人としてクリアするには、「言語主体」として「心的過程」を駆使した表現理解による関係づくりとその演習、修得が欠かせません。

解釈とインナーボイス（内言）は、個人をベースにしており、理解と外言（言回し）は他人との関わり（社会生活）を基盤にしています。この両者のバランスをとり、相手とのズレを調整する手だて（技倆や能力）を身につけることが高校国語では、なによりも重要なことではないかと考えられます。

本書では、読み手や聞き手に配慮した表現上の「心的過程」を主に述べてきました。相手に理解してもらった上で願わくは協働して問題を解決に至らしめること（仕合わせ）の実現こそ本願です。身近にある課題のほとんどは自然と人為の関わりから発生しています。いつも問題の当事者として渦中に身を置いて「心的過程」を使いこなし、卒業生達が自立した言語主体として歩み始めることができたら高校で国語を勉強する意味は自然に充たされてゆくことと密かに確信しています。

元宇宙飛行士毛利衛さんのお言葉を拝借し、表題への一回答としてご紹介し、筆を擱きます。

いま自分が「当たり前だ」と思っていることは、暮らす環境が変われば当たり前ではなくなるのです。……大切なのは、物事を多面的に見るのと同時に、物事を少し離れたところから見ることです。細部ばかり見るのではなく、「ズームアウトの視点」で物事を見ると、それまで気づかなかったことが見えてくるようになります。……「自分は何のために勉強し」、「何のためにあくせく仕事をしているのだろう。」「毎日こんなことをしていて、いったい何の意味があるのだろう？」勉強や仕事など、毎日の物事はともすると、空虚で意味のないことに見えます。

宇宙飛行士になってその疑問にたいし、「違っているから、それでいいのだ」と思えるようになりました。その「違う」ことが、自分の能力の一つだと信じてそれを最大限伸ばすようにしたらいいと思うようになったのです。他者と違うことは人類の可能性の拡張につながります。

「違い」を活かすことで、「生きる」ということの意味が見えてくる。……毎日の勉強や仕事は、突き詰めて考えると、「生命のつながり」を紡ぐ大事な営みになっているのです。人間中心の見方を脱して、一個の地球生命体としての視点に立ったとき、私たちがここに生きる意味は自ずと見えてくる。私にはそう思われてならないのです。

『宇宙から学ぶ』（毛利衛／岩波新書）より

松金　進（まつかね　すすむ）

1949年山口県岩国市生まれ。高知大学文理学部卒業。主に山口県立高校にて「国語」担当。2010年商業高校校長退職。以降、非常勤講師等７校歴任。内短大非常勤講師４年間兼務。著書に『いひたいことにつき当たつて』（2003年刊/国土社）がある。

「国語」って、何勉強するんだよ

―「心的過程」から表現へ―

2023年８月20日　初版第１刷発行

著　　者　松金　進
発 行 者　中田典昭
発 行 所　東京図書出版
発行発売　株式会社 リフレ出版
〒112-0001　東京都文京区白山 5-4-1-2F
電話 (03)6772-7906　FAX 0120-41-8080
印　　刷　株式会社 ブレイン

ISBN978-4-86641-627-4 C3037
Printed in Japan 2023